길을 열고 숲을 살리다

길을 열고 숲을 살리다

명품^{名品} 임도^{林道}를 위한
산림기술사의 사색

김영채 지음

클북

길을 열고 숲을 살리다

[들어가는 글]
과거를 넘어, 지속 가능한 임도를 향해 • 9

[1장]
임도노선, 숲과 공존을 위한 첫걸음

임도망 계획의 필요성 • 16
아쉬움이 남는 감리용역 • 19
임도측량하다가 죽을 수는 없다 • 25
타당성 평가 임도노선은 참고만 하자 • 31
임도 개설의 99%는 노선 선정이다 • 38
부끄러운 임도설계 졸작이 있다 • 43
임도 기본계획 용역 • 46
작업로가 무너지고 있다 • 49
빗물이 노면에 모이지 않도록 해야 한다 • 52
운재로, 작업로, 작업도, 임도의 차이는? • 56

[2장]
임도설계, 숲과 인간의 길을 그리다

1/5000 지형도는 정확하지 않다 · 62
임도 최소 종단물매(기울기)는? · 68
노출형 횡단수로의 설치 방향 · 72
임도에서 최소 관의 크기는? · 76
임도 노체 개설은 성토보다 절토 위주로 · 79
임도 성토사면 붕괴지 복구 방법 · 83
임도 피해는 성토 재료가 원인이다 · 87
임도 길어깨의 역할 · 90
포장 난간벽 설치 시 주의할 점 · 94
확폭은 곡선부 안쪽에 설치해야 한다 · 97

[3장]
임도측량, 숲과 조화를 이루는 첨단 기술

혼자서 임도측량을 한 적이 있었다 · 104
임도측량 오차에 대한 고민 · 108
임도측량은 측량이 아니다 · 112
임도측량, 쉽지 않다 · 114
임도설계도면 오차의 허용범위는? · 118
중심선측량과 영선측량 · 122

『임도설계 따라가기』 질문에 답하다 · 126

임도측량 오차를 줄일 수 있다 · 132

험준한 산지에서의 임도측량은? · 135

임도설계 시 현장 답사는 필수이다 · 139

숲속에서도 오차 없이 정밀측량 할 수 있다 · 144

그냥 고민하지 말고 임도측량 하세요 · 148

라이다(LiDAR) 기술을 적용한 임도설계 · 152

[4장]

임도설계서, 숲을 위한 청사진

자존심이 구겨지는 임도설계서를 작성하다 · 160

임도사업 설계심사를 마치고 나서 · 162

임도설계 심사를 하면서 · 165

임도 내각이 155도 이상일 때는? · 169

도로(임도)에서 한 측점 간의 거리는? · 173

임도공사를 산림조합에서 시공할 경우 부가가치세는? · 176

토량 체적환산계수에 대해서 · 178

유토곡선 적용할 보정계수 값은? · 182

임도설계는 결코 쉽지 않다 · 186

우수 관로는 물이 꽉 차서 흐르지 않도록 설계해야 한다 · 191

비계와 동바리 · 195

설계 시 할증률 반영은? · 200

기술사 자격의 전제조건 · 203

[5장]
변화와 공존, 숲과 임도의 새로운 미래

임도설계용역 추가 업무(산림조사서) 산출의 모순 · 208

임도설계용역 시 산림조사서 작성 비용은? · 211

종단경사 36%인 도로에서 차량 통행이 가능할까? · 214

임도 최소곡선반지름 · 218

임도 배향(헤어핀)곡선의 반지름 · 222

임도설계 시 암반 분류하자 · 229

임도에서 최소 관규격을 낮추자 · 233

임도설계는 조작을 해야 한다 ① · 238

임도설계는 조작을 해야 한다 ② · 242

임도설계는 조작을 해야 한다 ③ · 245

임도 준공 도면만큼은 제대로 작성하자 · 251

산불예방임도(산불진화임도) 시설기준은? · 254

임도 시설기준 개정이 필요하다 · 257

임도시설단비의 현실화가 시급하다 · 260

[마치는 글]
변화하지 않으면 도태될 것이다 · 263

[부록]
드론 라이다(LiDAR) 활용한 임도설계 · 267

[들어가는 글]

과거를 넘어, 지속 가능한 임도를 향해

'책 너무 잘 봤습니다. 기술사 면접 앞두고 뭘 해야 할지 몰라 우선 기술사님 책을 아침부터 읽었는데, 금방 읽혔습니다. 공감 가는 부분도 많았습니다. 좋은 책 써 주셔서 감사합니다.'

모르는 번호로 문자가 왔다. 산림기술사 1차 필기시험에 합격하고 면접시험을 앞둔 어느 수험생의 문자였다.

"기술사님 블로그 잘 보고 있습니다. 기술사 면접시험에 많은 도움이 되었습니다."

한국산림기술사협회에서 실시하는 CPD(지속적 직무 능력 개발)에서 처음 보는 사람이 찾아와 인사를 건넸다. 그는 산림기술사 최종합격 후 개인사무소를 개업하고 협회에 가입한 신규 회원이었다. 그 외에도 최종 합격 후 나를 찾아와 인사를 건넨 이들이 적지 않았다.

2019년에 출간된 『숲에서 길을 만들고 물을 다루다』는 산림기술사 면접시험의 교재 역할을 하며 합격을 위한 필독서로 자리 잡았다.

이 책은 1995년부터 산림토목(산림공학) 분야에서 체득한 경험을 바탕으로 작성했다. 이론적이고 논리적인 논문이나 교재와는 다르게, 눈으로 보고 몸소 체험한 내용을 주관적으로 기록한 것이 특징이다.

그로부터 5년 후, 나는 임도(林道)와 관련된 글들을 다시 모아 『길을 열고 숲을 살리다』를 출간하게 되었다. 이번 책 역시 주관적인 판단을 바탕으로 쓴 글이며, 독자의 생각과 다를 수 있음을 미리 밝힌다.

도로의 종류는 차량 속도에 따라 나뉜다. 차량이 빠르게 달릴 수 있도록 설계된 도로는 높은 속력에서도 안전을 확보할 수 있도록 건설해야 한다. 예를 들어, 고속도로는 종단기울기(종단물매)가 완만하며, 평면 곡선반경도 크다. 이러한 설계를 통해 차량이 빠른 속도로 달릴 때도 안전성을 유지할 수 있다.

한편, 산림 경영에 필요한 도로는 임도라고 부른다. 임도는 차량 통행이 가능해야 하며, 목적에 따라 세 가지 종류로 구분된다. 첫째 소방차량과 대형트럭이 원활히 통행할 수 있어야 하는 산불진화임도이다. 둘째는 산림경영 관리의 주 도로인 간선(지선)임도, 그리고 소형트럭이 통행하는 작업임도로 나눌 수 있다.

공사가 완료된 임도를 차량으로 운전하다 보면, 이런 의문이 들 때가 있다. '왜 이곳의 종단기울기가 이렇게 급하지?' 혹은 '곡선 구간에서 차량 회전이 겨우 가능한 이유는 뭘까?' 이는 임도설계와 시공이 규정에 어긋나게 이루어졌기 때문이다.

도로가 차량 속도에 따라 설계와 공사가 달라지듯, 임도 역시 종류별로 통행 차량의 특성을 고려해 설계되어야 한다. 예를 들어, 산불 진화임도는 소방차가 원활히 통행할 수 있도록 설계되어야 한다. 하지만 현실에서는 소방차 통행이 불가능한 상태로 시공된 경우가 있어, 이는 공공 예산을 낭비하는 결과를 초래한다.

임도설계를 하면서 그간 수차례 잘못된 관행을 지적하고 개선을 건의했지만, 여전히 상황은 달라지지 않고 있다. 그중 대표적인 문제는 평면중심선 곡선반지름의 조작이다. 법에서 정한 임도의 평면중심선 최소곡선반지름 기준을 무시한 채 임도설계도면이 작성되고 있는 것이다. 이렇게 잘못된 설계도면은 결국 산림관리기반시설기준에 맞지 않게 공사가 이루어지는 원인이 된다.

임도의 설치 기준은 「산림자원의 조성 및 관리에 관한 법률 시행규칙」에 명시된 [산림관리기반시설의 설계 및 시설기준]에 따라야 한다. 그러나 현실에서는 여전히 많은 산림공학기술자들이 이를 위반하는 사례가 발견되고 있다.

일부는 규정을 잘 알지 못한 채 진행하기도 하지만, 근본적인 문제는 산림 현장에서의 측량이 어렵다는 데 있다. 험준한 지형과 열악한 환경으로 인해 법에서 정한 [산림관리기반시설의 설계 및 시설기준]을 충족하는 측량을 제대로 수행하지 못하는 실정이다.

지형 측량 과정에서 발생하는 오차로 인해 많은 임도설계자들이 기준에 맞는 도면을 그리지 못하고 이를 조작하는 경우가 있다. 나는 30년간 산림 현장에서 '정확한 측량이 가능할까?'라는 고민을 거듭

했고, 지난 5년간의 임도설계 경험을 통해 오차 없는 임도설계도면을 작성하는 방법을 터득했다.

산림에서 측량은 시준(視準)의 어려움과 험준한 지형 여건으로 인해 많은 제약이 따르지만, 이러한 현실에서도 오차를 최소화하고 현 지형에 부합하는 임도설계도면을 작성하는 방법을 찾아낸 것이다.

이 책은 숲속에서도 오차를 줄이고, 현장에 적합한 임도설계 도면을 작성하는 실질적인 방법을 제시한다. 이제는 과거의 임도측량 방식을 과감히 버려야만 임도 발전이 가능하다.

나는 이 책이 대한민국 임도(林道)공학의 기술 발전에 기여할 뿐만 아니라, 한 걸음이 아닌 두세 걸음 더 도약하는 계기가 되기를 기대한다.

길을 열고
숲을 살리다

[1장]

임도노선,
숲과 공존을 위한
첫걸음

- 임도망 계획의 필요성
- 아쉬움이 남는 감리용역
- 임도측량하다가 죽을 수는 없다
- 타당성 평가 임도노선은 참고만 하자
- 임도 개설의 99%는 노선 선정이다
- 부끄러운 임도설계 졸작이 있다
- 임도 기본계획 용역
- 작업로가 무너지고 있다
- 빗물이 노면에 모이지 않도록 해야 한다
- 운재로, 작업로, 작업도, 임도의 차이는?

임도망 계획의 필요성

봉화 문수산 주변 산림은 산림청 소유의 국유림이다. 지난주(2019년 8월), 나는 임도 타당성 평가위원으로 참여하여 내년도에 시설할 임도에 대한 타당성 평가를 진행했다.

사진 1

올해(2019년) 초에도 문수산 일원에 개설될 임도 타당성 평가를 한 적이 있다. 사유림에 임도를 개설하려면 산주의 동의가 필수적이다. 산주가 요구사항을 제시하거나 동의를 거부할 경우, 임도 개설이 어려운 사례가 오래전부터 종종 있었다. 다만, 최근에는 임도 시공 기술이 발전하면서 과거에 비해 반대하는 산주가 줄어든 것으로 보인다.

사유림과 달리 국유림은 동의서를 징구하는 데 큰 어려움이 없어 비교적 수월하게 임도를 개설할 수 있다. 다만, 국유림으로 진입하려면 일부 사유림을 거쳐야 하는 경우가 있는데, 이는 일부분에 해당하므로 큰 어려움 없이 처리되는 편이다.

그러나 국유림은 산지 지형이 험준한 경우가 많아 공사비가 더 많이 소요된다. 이러한 이유로 임도 시설기준 단가에 맞추려다 보니 기본적인 토공사나 배수관 매설은 이루어지지만, 노면 보강 공사에 충분한 예산을 투입하지 못하는 실정이다.

국유림은 대체로 한 구역에 집중적으로 분포되어 있어 경제림육성단지로 지정되는 경우가 많다. (경제림육성단지는 자연환경 훼손 우려가 적은 지형에서 목재 생산은 물론 유실수, 특용수 재배로 소득 창출을 우선으로 하는 대규모 산지를 뜻한다.)

봉화 문수산 일대도 경제림육성단지로 지정되어 있으며, 이 지역의 대부분 임지가 국유림으로 이루어져 있다. 하단부에는 일부 사유림이 분포하고 있다.

경제림육성단지 내에서 목재를 생산하고 숲을 가꾸며 산림을 효율적으로 경영하기 위해서는 임도가 반드시 필요하다. 임도가 없다면 임지 내에 접근하는 데 많은 시간이 소요되며, 산림 경영의 효율성이 크게 떨어진다. 게다가, 최근에는 산림 관련 작업에서 노동력을 구하기 어려워지고, 점차 기계화로 대체되는 추세. 이러한 변화 속에서 임도의 역할은 더욱 중요해지고 있다.

이 지역은 대규모 산지임에도 불구하고, 장기적인 전체산지에 대한 임도망 계획 없이 중단기적인 임도망 계획으로 임도를 시공해 왔다. 이렇게 몇 년간 임도를 개설하다 보니 기존에 개설된 임도와 새로 계획된 임도의 시·종점부 연결 지점이 부적합하다는 문제가 발생했다. 또한, 일부 구간에서는 다른 연도에 시공된 임도노선이 중복되기도 했다.

임도는 장기적인 임도망 계획을 수립한 후, 매년 해당 계획에 따라 임도를 개설하는 방식으로 진행되어야 한다. 그러나 장기적인 임도망 계획이 부재한 상황에서 매년 단기적인 계획만으로 진행하다 보니, 일부 임도노선이 부적정하게 선정되는 문제가 지속적으로 발생하고 있다.

또한, 경제림육성단지의 주요 도로 역할을 하는 순환형 임도는 간선임도 규격으로 설치되어야 한다. 그러나 이곳 문수산 일대에서는 작업임도 규격으로만 개설되어 있다.

간선임도는 노폭이 4m이며, 기준 단비가 약 2.1억 원 정도이다. 반면, 작업 임도는 노폭이 3~3.5m로, 기준 단비는 약 1.3억으로 간선임도보다 낮다. 작업임도 개설지에는 레미콘 차량의 통행은 가능하지만, 목재를 실은 대형 장축 트럭이 통행하기에는 어려움이 있을 수 있다.

당해 연도만을 바라보는 단기적 시각에서 벗어나, 중장기적인 안목으로 임도를 계획해야 한다. 백년, 천년을 내다보며 건강한 산림을 조성하고, 이를 후손에게 물려줄 수 있는 지속 가능한 임도망 구축이 필요하다.

아쉬움이 남는 감리용역

　　　　대구에서 봉화군 석포면 석포리까지는 자동차로 3시간이 걸린다. 이곳은 강원도와 접경지역으로, 나는 2023년도에 이곳의 국유림 산불진화임도(거리 2.84km) 감리용역을 9개월 동안 수행했다.

　월 2회 이상 현장을 방문해 감리원으로서의 업무를 수행해야 했다. 거리가 멀어 몇 번은 전날 밤 9시쯤 출발해 휴게소에서 차박을 하거나, 새벽 4시에 출발해 6시경 작업 인부들과 함께 식사하는 식당에 도착한 적도 있었다.

　거리는 멀었지만, 감리용역에는 나름의 보람이 있었다. 공사 중 안전사고가 발생하기도 했으나, 다행히 큰 인명피해는 없었다.

　감리용역이 끝난 후, 완료된 전경 사진을 촬영하며 돌아본다. 만족보다는 아쉬움이 더 크게 남는다.

　사진 2는 임도 개설이 완료된 후 촬영한 것이다. 전체적으로 시공은 무난히 이루어졌지만, 임도노선 배치에는 명백한 문제점이 있었다. 이는 시공사의 책임보다는 설계자의 잘못이 크며, 더 나아가 이 노선의 임도타당성평가를 수행한 ○○협회의 책임이 더 크다고 볼 수 있다.

사진 2

　물론, 감리 업무를 맡은 나 또한 책임에서 자유로울 수 없다. 감리 착수 당시 설계검토보고서를 작성하며, 노선 선정의 부적합성을 명확히 지적했어야 했다. 그러나 당시 상황에서는 이미 설계자와 발주처가 검토와 승인을 마친 노선을 바탕으로 진행된 터라, 시공 단계에서 노선을 수정하는 것은 현실적으로 쉽지 않았다.
　노선을 변경하려면 설계도서를 새로 작성해야 하고, 이에 따라 여러 행정적·기술적 문제가 뒤따른다. 특히, 전체 노선을 변경하는 것은 더 큰 난관으로 다가왔다. 이러한 이유로, 문제를 근본적으로 해결하지 못한 채 감리를 마무리해야 했던 점이 지금도 아쉬움으로 남는다.

도면 1

위 도면 1에서 빨간색 선은 이미 시공이 완료된 임도를 나타내며, 연두색 선은 2023년도에 공사한 산불진화임도(거리 2.84km) 노선을 표시하고 있다.

이 노선의 타당성 평가는 2022년 10월경 ○○협회에서 실시했다. 당시 임도 시점부를 변경하라는 ○○협회에 의견을 제시하였으나, 구체적으로 임도노선을 어느 지점으로 반드시 통과해야 한다는 명확한 지침은 제시하지 않았다.

2023년에 시공된 연두색 노선이 ○○협회에서 타당성 평가를 통해 선정한 노선과 일치하는지 여부는 확인되지 않았다. 해당 노선의 설계자는 약 10년 경력을 가진 산림공학기술자로, 아마도 타당성 평가에서 제시된 노선을 바탕으로 실시설계를 진행했을 가능성이 크다.

만약 이 연두색 노선이 ○○협회의 타당성 평가에 따라 선정된 것이고, 설계자가 이를 바탕으로 임도측량과 설계를 수행한 것이라면, ○○협회는 앞으로 임도타당성평가 시 노선 선정에 더욱 신중을 기할 필요가 있다. 수많은 가능성을 고려하고 깊은 고민 끝에 결정해야만, 후속 공정에서의 불필요한 혼란을 방지할 수 있을 것이다.

타당성 평가 용역 대가도 적지 않은 금액이다. 단순히 예정된 노선을 답사하는 데 그칠 것이 아니라, 전체 노선의 합리적인 임도망 배치를 고민하는 것이 훨씬 더 중요하다. 이 글은 그러한 중요성을 알리는 동시에, 임도설계자들에게도 경각심을 주기 위해 작성된 것이다.

"야, 김영채, 감히 네가 뭔데 이러니저러니 하느냐!"라는 비난을 들을지라도, 나는 임도노선 선정의 중요성을 재차 강조하고 싶다. 이는 산림 경영의 효율성과 지속 가능성을 위해 반드시 짚고 넘어가야 할 문제다.

2023년에 시공된 연두색 노선은 여러 문제점을 드러내고 있다. 우선, 기존 임도(빨간색 선)와의 간격이 부적절하다. 사진에서는 명확히 나타나지 않지만, 종단물매가 오르막과 내리막 구간에서 비효율적으로 설계되어 있다. 특히, 연두색 노선은 계곡부에서 오르막으로 올라간 뒤 다시 내리막으로 이어지는 형태로, 산림 면적 대비 노선 길이가 과도하게 길게 배치되었다.

현재의 연두색임도노선은 임도 간격 배치가 비효율적이다. 오른쪽 기존 노선과는 지나치게 가깝고, 왼쪽 기존 노선과는 너무 멀리 떨어져 있다. 그럼에도 불구하고, 횡단 경사가 완만한 구간을 따라가는 것도 아니다. 공사비 절감 효과는 전혀 없으면서 임도 길이만

과도하게 길게 설계된 셈이다.

　대안으로 제시된 분홍색 노선은 보다 합리적이다. 노란색 구역은 산지 경사도가 완만하며, 분홍색 노선은 연두색 노선에 비해 좌우 임도와의 간격도 적정하다. 연두색 노선이 2.84km인 반면, 분홍색 노선은 종점부까지 약 2.0km로, 길이가 더 짧다.

　만약 연두색 대신 분홍색 노선으로 임도를 개설했다면 공사비를 절감할 수 있었을 뿐만 아니라, 전체적인 효율성도 크게 높아졌을 것이다.

　0.8km의 임도 공사비는 얼마나 될까? 최소한 2억 5천만 원이다. 만약 이 공사를 당신의 돈으로 진행해야 한다면, 어떤 노선을 선택하겠는가?

사진 3

사진 3은 측점 131번 지점의 임도공사가 완료된 후 촬영한 것이다. 이 구간은 능선부에 위치한다. 설계자는 현장에서 곡선반경을 약 7~9m로 측설 해놓았으나, 도면(CAD)상에서는 곡선반경을 11.4m로 작도하였다. 더욱이 곡선제원표에서는 곡선반경을 13.4m로 수정해 임도설계 기준에 맞춘 것처럼 보이도록 조작했다. 임도 규정에 따르면, 곡선반지름은 최소 12m가 되어야 한다.

이 구간은 종단물매가 오르막인 구간이다. 능선부를 돌아 오르막에서 내리막으로 전환되는 설계였다면, 당초 설계를 무시하고 곡선반경이 12m 이상이 되도록 곡선부 안쪽으로 임도 중심선을 이동시켜도 종단물매와 관련된 문제가 발생하지 않았을 것이다. 그러나 이 구간은 오르막이 연속되는 구간이어서, 평면중심선을 안쪽으로 이동시키면 종단물매가 더욱 급해지고 거리도 짧아질 우려가 있었다. 이러한 이유로 중심 노선을 무리하게 이동시키지 못했다.

가도(임도공사 전 임시 도로) 개설 이전부터 곡선반경이 부족한 점을 파악하고, 노선중심선을 안쪽으로 이동시켜야 한다고 시공 현장대리인에게 전달했다. 그러나 종단물매가 급해지는 근본적인 문제를 해결하지 못한 채 임도가 개설되었다.

오늘(2023년 12월 28일), 발주처로부터 감리용역대가가 입금되었다. 조금은 부끄러운 마음이 든다.

임도측량 하다가 죽을 수는 없다

산림자원조성 및 관리에 관한 법률에 따르면 임도(林道)를 개설하기 전에 반드시 타당성 평가를 받아야 한다.

현재 임도타당성평가는 발주처에서 직접 수행한다. 평가 과정은 산림청에서 제공한 점수표에 따라 진행되며, 전문가, 교수, 환경운동가 등으로 구성된 평가위원단이 참여한다. 그러나 이 평가는 상당히 약식으로 이루어진다. 현장을 충분히 답사하지 않고, 대개 현장 입구 정도만 방문하거나 1/5000 지형도 위에 그려진 노선을 기준으로 평가를 진행한다.

평가 결과는 특별한 경우를 제외하면 대부분 100점 만점에 70점 이상을 받는다. 임도 개설을 위해서는 타당성 평가에서 최소 70점을 넘어야 하지만, 실제로 점수를 통과하지 못하는 사례는 드물다.

4년 전부터 국유림에 개설되는 일부 임도노선의 타당성 평가는 ○○협회에서 수행하고 있다. 재작년(2022년), 남부지방산림청 관할 임도 일부 노선의 타당성 평가 용역은 ○○협회가 단독으로 입찰해 수주했다. 당시, 타당성 평가 용역 수행 능력을 평가하기 위한 심의위원회가 열렸고, 나도 심의위원으로 참여한 적이 있다. 그때 ○○협회 담당자가 했던 말이 아직도 기억에 남는다.

"○○협회는 대한민국에서 유일하게 임도타당성평가를 수행하는 기관입니다."라고 당당하게 말하였다.

그러나 내 생각은 다르다. ○○협회가 임도타당성평가수행능력이 뛰어나기 보다는 단지 법령에서 타당성평가 용역은 수행하도록 규정되어 있기 때문일 것이다. 이는 단순히 ○○협회에 '먹거리'를 제공하기 위한 특혜로 보일 뿐이다.

○○협회는 2008년에 설립되어 사방사업의 평가를 전담하던 기관이었다. 평가 과정에서 전문위원들을 구성하여 대상지를 현장 답사한 뒤, 이들의 의견을 취합해 타당성 평가서를 작성했다. 전문위원은 퇴직 공무원, 산림기술사, 산림공학 교수 등 경험과 지식을 갖춘 인물들로 구성되었다. 사방사업의 타당성 평가는 실질적으로 이들의 전문 지식과 경험을 바탕으로 타당성을 결정하는 방식으로 이루어졌다.

2021년, ○○협회는 임도사업의 타당성 평가까지 수행하기 시작했다. 임도타당성평가에서도 검토(전문)위원을 구성해 임도 예정 노선의 적정성에 대한 자문을 구하고 있다.

평가 과정에서는 사전에 임도 예정지 답사하고, 지형 분석과 임황 분석 등의 자료를 준비한다. 그러나 가장 중요한 요소인 임도노선 배치에 대한 깊은 고민은 이루어지지 않는 듯하다. 발주처에서 제공한 임도노선을 바탕으로 표면적인 지황·임황 분석만 진행하고 있으며, 임도 개설의 적정성을 판단하는 데까지는 이르지 못하고 있는 실정이다.

1.0km당 타당성 평가 용역비는 적지 않은 금액이다. 그러나 용역비에 비해 임도타당성평가의 내용은 부실하다. 여기서 부실하다는 것은 단순히 내용이 빈약하다는 말이 아니다. 대상지의 현황 및

도면 2

공간 분석 자료, 현장 조사 결과서 등은 작성하나, 예정 노선의 적정성 검토, 부적정할 경우 대안 노선의 제시, 경제성 분석, 그리고 산림관리기반시설로서의 활용성 평가와 같은 핵심 요소는 충분히 다뤄지지 않는 것이 문제다.

도면 2는 ○○협회에서 작성한 임도타당성평가 노선도이다. 일부 구간에서는 짧게나마 우회 노선을 제시했다. 그러나 정작 중요한 A지점에 대해서는 우회 노선 검토 의견이나 대안 노선 제시가 전혀 이루어지지 않았다.

2024년 2월, 이 노선은 진솔산림기술사사무소에서 실시설계 용역을 진행했다.

사진 4

사진 5

　사진 4와 사진 5는 A지점을 드론으로 촬영한 것이다. 이 구간은 횡단 경사각이 40~60도, 평균 45도 이상에 달하는 암반 노출 지역으로, 약 300m의 거리를 차지한다. 과연 이곳에서 임도공사가 가능할까?

혹시 내 판단이 잘못되었을까 싶어, 임도 시공 경험이 풍부한 임도 현장대리인에게도 자문을 구했다. 그러나 그는 고개를 절레절레 흔들며 부정적인 반응을 보였다.

문득, 이곳에서 측점을 표기하다가 죽을 수도 있겠다는 생각이 스쳤다. 노출된 암반 위에, 경사가 급한 데다 거리가 짧지도 않은 구간이었다. 순간 발을 잘못 디딘다면 미끄러질 가능성이 크고, 어쩌면 애초에 접근조차 어려울 수 있다. A지점에서 임도공사가 가능할지, 여러분의 의견이 궁금하다.

고심 끝에 내가 맡은 1.0km 구간과 후속 업체가 맡은 2.0km 구간을 포함한 총 3.0km의 임도노선을 산림기반시설 기준에 적합하도록 곡선반경 12m 이상으로 시공이 가능한 대안 노선을 선정했다.

도면 3은 1/5000 지형도이다. 그러나 실제 지형과는 많은 차이가

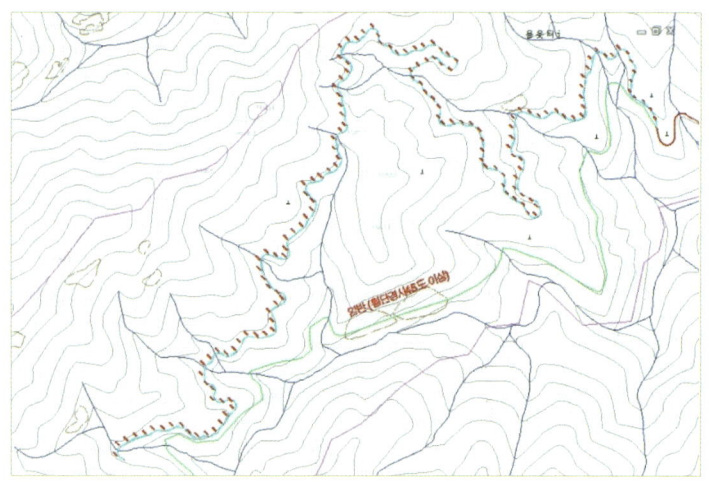

도면 3

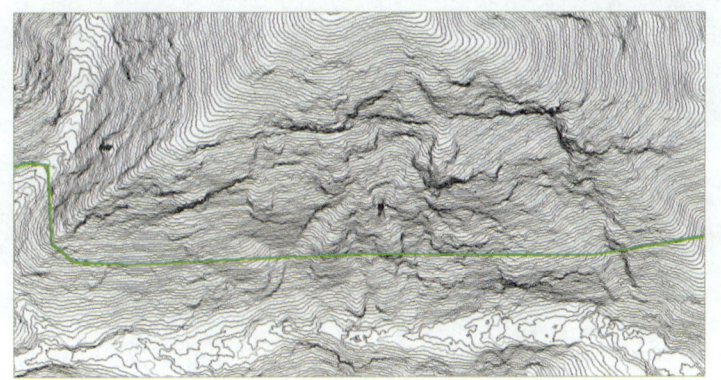

도면 4

있다. 1/5000 지형도는 나무가 서 있는 위성사진을 기반으로 지형을 추출하기 때문에, 계곡부와 같은 복잡한 지형에서는 상당한 오차가 발생한다. 특히, 수고가 높은 입목이 분포한 지역에서는 이러한 오차가 더욱 심해진다.

도면 4는 A지점의 라이다(LiDAR) 측량 데이터를 기반으로 현지 지형을 그대로 추출한 도면이다. 등고선 간격은 1.0m로, 지형의 세부적인 윤곽을 명확히 보여준다.

드론 사진에서 확인했듯, 이 지역은 대부분 토사가 없는 암반 노출 구간으로, 절벽에 가까운 사면 경사를 이루고 있다. 도면에 표시된 연두색 노선은 ○○협회에서 타당성 평가를 통해 제안한 임도노선이다.

그러나 이 노선으로 임도측량을 진행하다가 미끄러지면 즉사할 수도 있겠다는 공포감이 엄습했다. 결국, 타당성 평가 노선을 과감히 포기하고 대안을 찾기 위해 이틀간 밤잠을 설치며 고민했다.

타당성 평가 임도노선은 참고만 하자

임도를 개설하기 전에는 반드시 임도타당성평가를 받아야 한다. 이는 「산림자원의 조성 및 관리에 관한 법률 시행규칙」 별표 4 [산림관리기반시설의 타당성 평가 항목별 기준 및 방법]에 명시되어 있다.

현재(2024년 10월), 국유림의 일부 임도는 타당성 평가를 용역으로 수행하며, 나머지 임도는 각 지방산림청에서 직접 타당성 평가를 실시하고 있다. 민유림의 경우에도 각 발주처에서 직접 타당성 평가를 진행하는 방식이 일반적이다.

타당성 평가 용역의 비용은 1km당 600~700만 원으로, 적지 않은 금액이다. 이러한 평가를 수행하기 위해서는 '학술연구용역업'에 등록되어야 하며, 그렇지 않으면 해당 용역을 맡을 수 없다. 진솔산림기술사사무소는 학술연구용역업에 등록되어 있지 않아 임도타당성평가용역을 수행할 자격이 없다.

임도타당성평가를 발주처에서 직접 수행하는 경우, 약식 평가로 진행된다. 평가위원 4명의 평가 점수를 평균 내어 100점 만점에 70점 이상이면 임도 개설이 가능하다. 임도 예정 노선은 주로 발주처의 임도 업무 담당자가 계획하는데, 국유림의 경우 임도 업무 경력이 짧은 담당자가 임도노선을 불합리하게 선정하는 사례가 종종 발생한다.

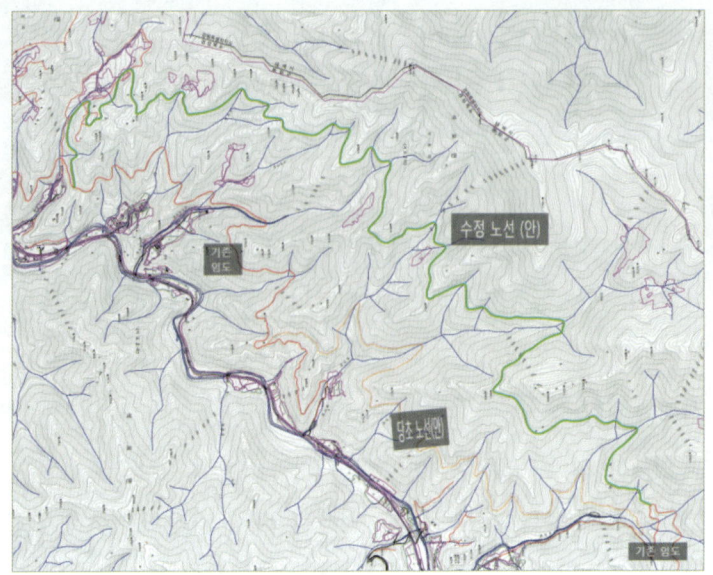

도면 5

　며칠 전(2024년 10월 2일), 국유림임도타당성평가위원으로 현장을 방문했다. 도면 5에서 빨간색 선은 시공이 완료된 임도노선을, 주황색 선은 당초 타평 노선(안)을, 연두색 선은 수정된 타평 노선 제시(안)를 나타낸다.

　발주처의 임도 업무 담당자가 계획한 당초 노선은 산정부와 계곡부 사이 산지 사면 2~3부 능선에 배치되어 있었다. 시·종점부에 최소곡선반경을 설치가능 한지도 의문스러웠다. 또한, 기존 임도와 중복되는 구간이 발견되어 효율성 측면에서 문제점이 드러났다.

　다른 평가위원들과 논의 끝에 임도노선을 수정하는 조건으로 타당성 평가를 "적합"하다는 의견을 제출했다. 이후, 노선 배치를 어떻게 할지 논의하던 중, 담당자는 자연스럽게 나에게 도움을 요청했다. 용역 대가를 떠나, 내가 계획한 임도노선이 더 적정하게 배치되고, 결과적으로 더 나은 임도망이 형성된다면, 그것이야말로 진정 보람 있는 일이 아닐까?

임도노선이 처음부터 잘못 계획되었다면, 타당성 평가 단계에서 수정할 수 있다. 그렇지 않다면 실시설계 단계에서도 수정이 가능하다. 시공 단계에서 노선을 수정할 수도 있지만, 이 경우 설계용역비의 낭비를 비롯한 추가적인 비용과 시간 손실을 감수해야 한다.

임도는 한 번 개설하면 영구적으로 남는다. 따라서 노선 계획은 신중하게 이루어져야 한다. 담당자가 노선 계획을 잘 세웠다면 문제가 없겠지만, 계획이 잘못된 상태에서 설계와 공사 단계까지 노선 수정 없이 그래도 임도가 개설된다면, 이는 결국 애물단지로 전락할 가능성이 크다.

이 글은 임도 업무 담당자를 질책하기 위한 글이 아니다. 오해가 없기를 바란다. 이 글을 통해 강조하고자 하는 것은 그만큼 노선 선정 과정이 중요하며, 신중한 검토가 필요하다는 사실이다.

2024년도 시공 중인 국유림 임도의 설계 용역을 수행하면서, 진솔산림기술사사무소에서는 타당성 평가에서 제안된 노선을 수정·변경해 설계한 4개의 임도노선을 다음과 같이 제시하였다.

도면 6 (가) 지역 임도평면도

도면 7 (나) 지역 임도노선배치도

　(가) 지역의 경우, 타당성 평가에서 제안된 노선은 신축 건물 바로 뒤편을 지나가도록 계획되어 있었다. 이 노선은 극한 호우 시 성토면 붕괴가 발생할 경우 건물에 심각한 피해를 줄 우려가 매우 컸다.

이에 시점부를 옮겨 새로운 노선을 계획하고 설계하였다.

(나) 지역의 경우, 기존 임도와 간격이 지나치게 가까워 효율성이 떨어졌다. 이에 노선 배치를 변경하여 설계한 노선이다.

도면 8 (다) 지역 임도노선배치도

도면 9 (라) 지역 임도노선배치도

(다) 지역은 공사가 불가능한 절벽 구간으로 타당성 평가 노선이 계획되어 있었다. 이에 따라 노선을 변경하여 설계하였다.

(라) 지역은 당해 연도(2024년) 공사 구간 자체는 양호했으나, 차후 연결될 임도노선이 불합리하게 계획되어 있었다. 이에 노선 방향을 변경하여 설계한 지역이다.

위의 4개 노선 중 (가) 지역과 (나) 지역은 발주처에서 약식으로 타당성 평가를 수행한 임도노선이고, (다) 지역과 (라) 지역은 ○○협회에서 용역 대가를 받고 수행한 임도노선이다.

발주처에서 직접 수행하는 임도타당성평가는 주로 현장 입구에서 도면과 개략적인 임상, 지형 현황 등이 기재된 개요서를 바탕으로 진행된다. 이에 비해, ○○협회의 타당성 평가는 용역 대가를 받고 수행되는 만큼 현장 답사를 포함한다.

그러나, 현장 답사까지 이루어진 타당성 평가에서 조차 예정 노선이 실시설계 단계에서 변경(수정)되어야 했다면, 이는 타당성 평가 용역비의 낭비라고 볼 수 있다.

특히, ○○협회는 당초 계획된 노선을 일부 구간에서만 수정했을 뿐, 전체적인 노선에 대해 충분한 분석과 검토를 수행하지 않았다고 본다. 이는 임도 실무 경험의 부족에서 기인한 문제로 볼 수 있다.

임도설계 시, 타당성 평가 노선은 단지 참고 사항일 뿐이다. 설계자는 항상 더 나은 대안 노선이 있는지 고민하고, 이를 찾아내기 위해 노력해야 한다.

아직(2024년 10월 현재) 임도타당성평가 결과물을 100% 신뢰하기에는 부족한 점이 많다.

임도 개설의 99%는 노선 선정이다

나는 1995년부터 지금까지 임도측량을 해왔다. 임도설계만큼은 자부심을 가지고 꾸준히 이어온 작업이다.

임도노선 선정은 임도설계 용역의 99%를 차지할 만큼 중요한 요소다. 사람은 누구나 실수할 수 있다. 관을 매설할 위치를 누락하거나, 구조물을 반영하지 못한 경우에도 공사 중 혹은 시공 완료 후에 얼마든지 보완이 가능하다. 그러나 산지에 임도 노체를 개설하고 난 뒤에는 노선을 변경하기가 거의 불가능하다. 임도노선 선정만큼은 신중에 신중을 기해야 한다.

사진 6은 청도군 각남면 사리리에 위치한 임도이다. 이 임도는 내

사진 6

가 1995년 3월, 처음으로 측량했던 노선이다. 당시에는 폭 2.5m 내외의 운재로가 이미 나와 있었고, 나는 오로지 기존 운재로 노선에만 집중했다. 결국, 다른 대안을 고려하지 못한 채 우(愚)를 범했다.

사진 6에서 보듯, 이 임도노선은 S자형을 반복하며 이어지고 있다. S자형 노선은 차량 운행에 불편함을 줄 뿐만 아니라, 강우 시 흘러내리는 빗물이 반복적으로 영향을 끼쳐 임도에 연속적인 피해를 초래할 수 있다는 점에서 더 큰 문제가 있다. 실제로 이 임도는 2002년 태풍 루사, 2003년 태풍 매미로 인해 큰 피해를 입었고, 결국 복구 공사를 진행해야만 했다.

부끄럽게도, 내 첫 임도설계 작품은 졸작에 불과했다. 졸작으로 남은 임도가 몇 개 더 있긴 하지만, 후로 나는 임도 선형을 구상할 때 반드시 여러 노선안을 계획하고, 예정 노선을 도면에 그려 본 뒤 고민에 고민을 거듭하는 습관을 갖게 되었다.

도면 10을 보면, 임도 종단물매의 오르막과 내리막이 극심하다.

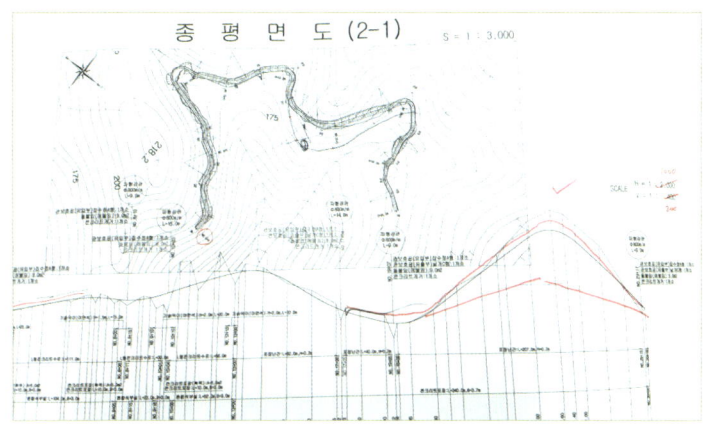

도면 10

평면도 상으로는 특별한 장애물이 없음에도 불구하고, 종단물매를 습하게 설계해 유지관리 비용이 과도하게 소요될 수밖에 없는 구조로 만들어졌다. 이는 최근 몇 년 사이 난립한 신생 설계업체들이 임도의 기본 개념조차 제대로 이해하지 못한 채 설계를 진행하는 현실을 반영한다.

물론, 나 또한 초장기에는 노선 선정을 잘못한 적이 있었다. 20여 년 전, 내가 범했던 실수를 지금도 다른 설계자들이 되풀이하고 있으니 안타까울 따름이다.

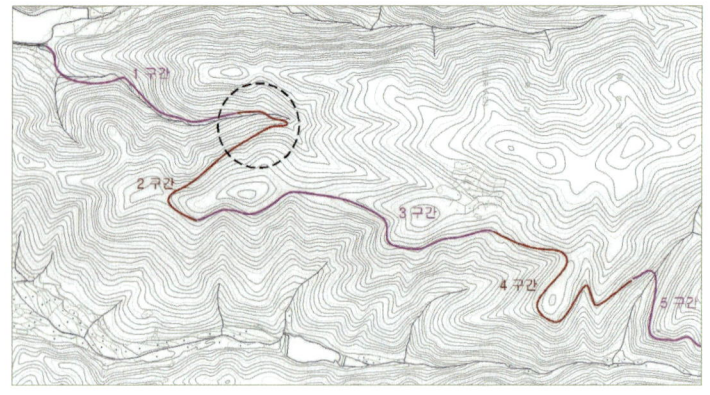

도면 11

국유림 임도는 관할 국유림관리소에서, 사유림 임도는 해당 시·군에서 시행하고 있다. 경상북도의 사유림임도 개설은 산림환경연구원에서 담당하고 있다.

임도를 개설하기 위해서는 먼저 타당성 평가를 받은 후 시행한다. 임도노선은 대개 길이가 3km 이상이므로, 한 계획 노선을 완공하는 데 짧게는 2년, 길게는 5년 이상이 소요되기도 한다.

도면 11에 나타난 ◇◇임도노선은 1, 2구간이 이미 준공되었으며, 현재 3구간 공사가 진행 중이다.

1구간, 3구간, 5구간 : 진솔산림기술사사무소 설계
2구간 : A업체 설계
4구간: B업체 설계

이처럼 한 노선이 구간별로 설계자가 다를 경우, 1구간을 측량한 업체는 반드시 다음 2구간 임도 예정 노선이 개설 가능한지 여부를 판단한 후 1구간의 임도노선을 결정해야 한다. 그렇지 않으면, 다음 구간의 노선이 절벽 구간을 통과하거나 묘지를 지나치는 등 임도 개설이 불가능한 상황이 발생할 수 있다. 이러한 경우, 해당 임도는 죽은 길, 즉 사도(死道)가 되고 만다.

위 임도노선에는 크게 잘못된 부분이 하나 있다. 사진을 확대해 자세히 살펴보자.

사진 7

도면 12

　적색 구간은 헤어핀 곡선으로 설계되어 있어 차량 통행에 상당한 어려움이 따를 것으로 보인다. 만약 계곡을 횡단한 뒤 등고선을 따라 초록색 노선으로 개설했다면 더 나은 결과를 얻을 수 있었을 것이라는 아쉬움이 있다.
　적색 노선으로 임도를 측량한 이유는 명확하지 않다. 산주의 동의를 얻지 못했을 가능성도 완전히 배제할 수는 없다. 그러나 한 번 개설한 임도는 영구적이다. 이로 인해 후손들은 오랜 세월 동안 큰 불편을 감수해야 할지도 모른다. 임도노선 선정만큼은 신중하길 간절히 바란다.

부끄러운 임도설계 졸작이 있다

사진 8

산림 신문에 종종 실리는 임도 사진이 있다. 이 사진은 볼 때마다 부족했던 나의 과거가 떠오르며 얼굴이 화끈거린다.

1995년, 임도설계를 처음 시작했을 때 연속된 S자형 노선으로 측

사진 9

량한 영덕의 한 임도노선이 그 주인공이다. 이 노선은 내가 설계한 두 번째 졸작으로, 청도 각남 사리 임도와 더불어 지금도 부끄러운 기억으로 남아 있다.

　사진 9는 1995년도에 설계한 영덕 창수 갈천 임도이다. 청도 각남 사리 임도와 마찬가지로, 당시에는 임도 단비표가 있어 ±10% 이내로 노선 거리와 사업비를 맞춰 설계를 해야 했다. 이 노선의 예정 거리는 3.0km였기 때문에, 억지로 거리를 늘린 흔적이 역력하다.

　도로나 임도는 기본적으로 계곡을 향할 때는 내리막으로, 능선을 향할 때는 오르막으로 설계하는 것이 이상적이다. 이렇게 해야 노면 유하수 및 배수 처리가 용이하며, 노선 거리를 줄여 경제성을 높일 수 있다.

사진 10

산림신문에 실린 사진 10을 자세히 보면, 임도가 능선을 향할 때 내리막이고, 계곡을 향할 때는 오르막으로 설계되었음을 알 수 있다. 이는 잘못된 종단물매 계획의 결과이다.

영덕 창수 갈천 임도는 예정 거리 3.0km를 맞추기 위해 종단물매를 역으로 설계한 사례다. 사진에서 빨간색과 파란색으로 표시된 부분이 이러한 잘못된 종단물매를 설계가 이루어진 구간이다.

이 임도는 마을과 마을을 연결하는 중요한 역할을 하고 있다. 그러나 쓸데없이 노선을 길게 설계해 비경제적인 임도가 되고 말았다. 초창기 임도설계를 했던 부끄러운 나의 모습을 돌아보며, 이 글을 통해 산림기술자 여러분이 같은 실수를 반복하지 않기를 바라는 마음이다.

임도 기본계획 용역

　　　　내가 가장 즐겁게 몰입할 수 있는 작업 중 하나는 임도노선 선정 용역이다. 2023년, 남부지방산림청과 비교적 적은 금액으로 임도노선 선정 용역을 계약했다. 이는 산지 면적 약 11,000ha에 임도노선을 계획하는 작업으로, 임도 거리가 약 200km 이상 되도록 하여 임도밀도는 약 20m/ha 되도록 임도망을 계획했다.

　1/5000 지형도의 종이 도면을 펼쳐 놓고, 매일 저녁 3~4시간씩 일주일 동안 초안을 잡았다. 이후 더 나은 노선이 없는지 고민하며 일주일이라는 시간이 더 걸렸다.

　노선 계획에서 가장 먼저 신경 쓴 것은 임도 시점부를 차량 진입이 가능한 곳에 정하는 것이었다. 이후 몇 가지 원칙을 정하고 이를 바탕으로 노선을 설계했다.

　첫 번째 원칙은 종단물매를 8% 이하로 설계하는 것이다. 헤어핀 곡선구간과 시종점, 기존 도로와 연결되는 구간은 어쩔 수 없는 경우에는 종단물매를 12% 이내로, 단거리로 계획했다.

　두 번째 원칙은 급경사지 횡단 사면 구간을 회피하는 것이다. 대체로 국유림 산지 경사는 험준한 편이어서 공사비가 많이 소요된다. 이에 따라 임도 단비를 고려하여, 가능하면 완경사지에 노선을 배치했다.

세 번째 원칙은 적정임도 간격을 유지하는 것이다. 임도가 전체 산지 면적에 균등하게 분산되어야 산림 경영 도로로서의 효율성을 높일 수 있다.

기타 원칙으로는 경관성을 고려하는 것이 있다. 차량이 많이 다니는 국도에서 임도 개설로 인해 산림 훼손이 우려되는 구간은 우회 노선을 찾도록 했다. 대안 노선이 없을 경우에는 산림 경영 측면을 고려하여 적절한 노선으로 설계했다.

산불진화임도는 해당 산지의 핵심 구간을 중심으로 계획했다. 간선임도는 산림 경영 측면을 고려하여 설계했으며, 작업 임도는 능선부 위주로 배치하되, 공사비를 최소화할 수 있는 구간에 노선선정하였다.

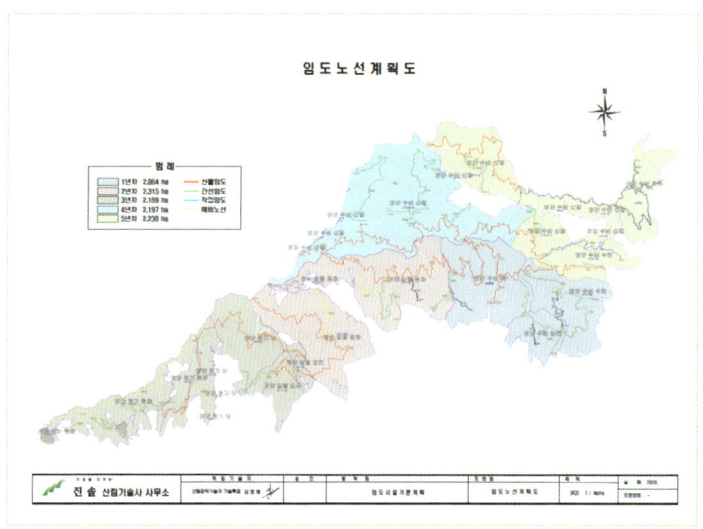

도면 13

산지 면적은 10,955ha에 달하며, 이번에 계획된 임도 거리는 226km(예비 노선 포함)이다. 이에 따라 임도밀도는 20.6m/ha로 산출되었다. 하지만 용역비는 임도 1.0km 타당성 평가 용역비와 비슷한 수준이다. 임도타당성평가용역보다 노선 계획 용역이 더 중요하다고 본다.

현재, 임도 업무 담당 공무원이 노선을 선정하고 있다. 임도 업무 경험이 풍부한 경우라면 적정한 노선 선정이 가능하겠지만, 실제로는 그렇지 못한 상황이 자주 발생하고 있다.

또한, 임도타당성평가 과정에서도 전체 산지의 임도망 배치와 같은 종합적인 평가는 소홀히 다뤄지고 있다. 평가에서는 해당 노선의 적정성 여부만 판단할 뿐, 전체 산림 면적에 대한 임도망 검토는 거의 이루어지지 않고 있다.

임도노선 계획은 임도 사업의 가장 중요한 요소라고 해도 과언이 아니다. 따라서, 임도노선 계획은 공무원 업무 담당자가 아닌 임도 전문가에게 의뢰하여 진행하는 것이 더 효율적일 것이다.

차라리 임도타당성평가용역비를 줄이고, 그 재원을 임도노선 계획 용역으로 확대하기를 기대한다. 또한, 임도노선 배치는 한 업체에서만 수행하기보다는 두 업체가 각각 수행하여 서로 다른 결과물을 비교하는 것도 하나의 좋은 방법이 될 수 있다. 이를 통해 장단점을 분석하고, 보다 유리한 노선을 선택할 수 있을 것이다.

작업로가
무너지고 있다

　　산지에 개설하는 도로는 크게 임도와 작업로(임산물 운반로)로 구분된다. 임도는 지목이 '도로'로 바뀌지는 않는다. 그대로 '임야'로 남는다. 이는 영구적인 시설물로서의 도로(길) 역할을 한다.
　반면, 작업로는 일시적으로 도로(길)로 사용하기 위해 산지 형질을 변경한 후, 공사가 끝나면 원상복구를 해야 한다. 그러나 원상복구를 한다고 해도 작업로 개설 이전 상태로 100% 복구되는 경우는 거의 없다.
　○○ 지역에는 전면적 벌채 후 산림 작물 재배 단지로 조성된 임지가 있다. 이곳은 내가 설계하고 감리한 현장으로, 2019년 12월 작업로를 개설한 후 벌목 작업을 진행했다. 이후, 2020년 5월경 산림 작물 재배 단지가 조성되어, 같은 해 7월 최종 준공된 곳이다.

　임도는 현장에서 20m마다 측점을 표시하며 조사(간이측량)를 진행한다. 반면, 작업로는 임도처럼 20m마다 측량을 하지 않는다. 산지 답사 후 전체 노선을 도상에서 선정하는 방식으로 진행되며, 주로 시점 종점부와 주요 통과 지점을 확인하는 정도에 그친다.
　○○ 지역 산림작물 재배 단지의 작업로는 도상에서 노선을 선정하여 계획되었다. 도상에 표시된 노선의 좌푯값을 찾아, 실제 개설 시 이를 최대한 유사하게 반영했다. 다만, 일부 구간에서는 약간의

오차가 발생하기도 했다. 어차피 작업로는 영구적인 시설물(도로)이 아니기 때문에, 이러한 오차는 큰 문제가 되지 않는다.

작업로 역시 종단물매를 고려해야 한다. 종단물매가 지나치게 급하면 빗물로 인한 노면 침식이 심각하게 발생할 수 있다. 또한, 횡단 경사가 급한 구간은 가급적 회피하는 것이 바람직하다.

사진 11에서 보듯, ○○ 지역 산림 작물 재배 단지 작업로의 약 20m 구간에서 절토 사면이 계속 무너지고 있다. 처음에는 문제가 없어 보였지만, 이 구간은 횡단 경사가 대체로 급한 지역으로 작업로가 어쩔 수 없이 이곳을 지나도록 설계되었다. 그러나 횡단 경사가 급하다 보니 절취 사면이 길어졌고, 이로 인해 사면이 불안정해졌다. 만약 암반이 있었다면, 절취 사면의 기울기가 다소 급하더라도 사면 안정각을 확보할 수 있었을 것이다.

사진 11

사진 12

　횡단 경사가 급한 구간에서는 대부분 표층에서 1~2m 아래에 암반이 존재하지만, 이곳은 암반이 지표층에서 3~4m 아래에 위치하고 있었다. 암반 위의 토사층은 비탈 사면의 기울기를 완만하게 만들어야 안정성을 확보할 수 있다. 그러나 이 구간은 횡단 사면이 급해 비탈 사면을 완만하게 작업 할 수 없었다.

　여름철 잦은 비로 인해 사면이 조금씩 여러 번 무너져 내렸고, 결국 지난주에는 또다시 추가 붕괴가 발생했다. 앞으로도 추가 붕괴가 지속될 가능성이 높다.

　비탈 사면의 추가 붕괴를 막으려면, 비탈 사면 하부에 기슭막이를 시공하여 사면 기울기를 완만하게 조정해야 한다. 또한, 사면에는 참싸리, 개나리와 같은 관목류를 식재하여 사면 안정화를 도입하는 것이 필요하다.

　이 경험을 통해, 작업로 설계(노선 선정) 시에도 더욱 신중한 접근이 필요함을 다시 한번 실감하게 되었다.

빗물이 노면에
모이지 않도록 해야 한다

　지난 월요일(2020년 8월 24일), 영천시 고경면 청정리 산사태 발생 현장을 다녀왔다. 공장(?) 건물 뒤편 산지의 사면이 무너진 곳이었다.

　현장에 도착해 차에서 내리자 고약한 냄새가 코를 찔렀다. 이는 양계장에서 배출된 배설물을 발효시켜 퇴비를 생산하는 시설에서 나는 냄새였다.

　공장 건물 뒤편 비탈사면은 산지 전용을 통해 개발된 상태였다. 산지와 맞닿은 전용산지 비탈사면은 직고 5m마다 소단이 설치되어

사진 13

있었으며, 형질 변경으로 훼손되었던 비탈 사면은 시간이 지나면서 잘 복구된 모습이었다. 사면에는 식생 도입이 거의 완료되어 안정화된 상태였다.

산사태로 인해 무너진 대부분의 구간은 산지 전용에 따른 비탈사면이었다. 산사태의 원인을 조사한 결과, 상단부 산지에 설치한 작업로가 주된 원인으로 보였다.

산사태가 시작된 곳은 작업로의 종단물매가 하향 물매에서 상행 물매로 변하는 지점이었다. 비가 내릴 때, 빗방울은 지면에 떨어진 후 중력에 의해 가장 낮은 곳으로 흘러간다. 즉, 빗물이 지면에 닿은 뒤에는 등고선과 직각 방향으로 흘러내리는 특성이 있다.

사진 14

위 현장에서 빗방울은 산지에 떨어진 후, 등고선과 직각 방향으로 흘러내리다가 작업로에 도달했다. 이후 빗물은 작업로의 종단물매가 낮은 방향으로 물의 흐름을 바꾸게 된다.

작업로의 종단물매가 가장 낮은 지점(사진 13에서 A)으로 하늘에서 떨어지는 빗방울이 집중적으로 모이게 된다. A지점은 빗물로 인해 토질이 금방 포화 상태에 도달하고, 입자 간 응집력이 약해진다. 포화된 토질은 중력의 영향을 받아 활동이나 붕괴가 발생할 가능성이 크게 높아진다.

작업로는 산지에서 일시적으로 사용하는 도로이다. 반면, 임도는 영구적인 도로로 사용된다. 작업로와 운재로는 특정 목적 사업을 위해 개설된 임시 도로에 해당한다.

목적 사업이 완료되면 작업로는 원상복구를 해야 한다. 그러나 산지에 작업로가 개설되면 완전한 원상복구는 어렵다. 대부분 복구 작업은 차량 통행이 불가능하도록 노면을 제거하고, 식생 도입을 위

사진 15

한 묘목을 식재하는 데 그친다. 하지만 이러한 복구 작업이 완료된 이후에도 작업로의 윤곽은 여전히 길의 흔적으로 남아 있다.

이곳 작업로는 노면에 대한 복구 공사가 이루어지지 않았으며, 나무를 식재하는 작업조차 진행되지 않았다. 현재는 단지 자연적으로 잡풀이 자란 상태에 불과하다.

작업로 노면을 따라 흐르는 빗물이 한곳에 모이면서 산사태가 발생할 가능성을 목격하며 중요한 교훈을 얻었다. 앞으로 작업로를 선정할 때는 빗물이 모이는 상황을 충분히 고려하여, 더욱 신중하게 계획해야 할 것이다.

운재로, 작업로, 작업도, 임도의 차이는?

※ 다음 내용은 주관적인 견해이다.

◇◇로부터 여러 질문을 받은 적이 있다. 그중 하나가 바로 이것이다. 운재로와 작업로의 차이는 무엇인가? 작업로와 작업도의 차이는 또 무엇인가?

산림 업무를 하면서 이들 용어에 대해 명확히 정의를 내려본 적은 없었다.

운재로에 대해 이야기해보자. 먼저 '운재'라는 용어의 의미를 이해해야 한다. 산지에서 나무가 성장하여 수확 단계에 이르면, 그 나무는 벌목-조재-집재-운재의 과정을 거치게 된다.

벌목은 말 그대로 나무를 자르는 작업이다. 이후, 벌목한 나무의 가지를 제거하고 줄기 부분을 일정한 크기(길이)로 토막 내는 작업을 조재라고 한다. 집재는 이렇게 토막 낸 나무를 산지에서 중토장으로 옮기는 과정이다. 조재 작업과 집재 작업의 순서는 작업 여건과 환경에 따라 바뀔 수 있다.

그리고 마지막으로, 중토장(토막 낸 나무를 임시로 모아 두는 곳)에서 제재소 공장으로 운반하는 작업을 운재라고 한다.

이때 운재라는 용어의 뜻을 명확히 이해할 필요가 있다. 운재란,

산지 내 임시 저장소에서 수확한 나무를 대형 트럭에 실어 산지 밖의 도로를 통해 운반하는 작업을 의미한다.

따라서, 우리가 흔히 사용하는 '운재로'라는 용어는 정확한 표현이 아니다. 운재는 산지 밖에서 이루어지는 작업이기 때문에, 산지 내 임시 도로를 운재로라고 부르는 것은 적합하지 않다.

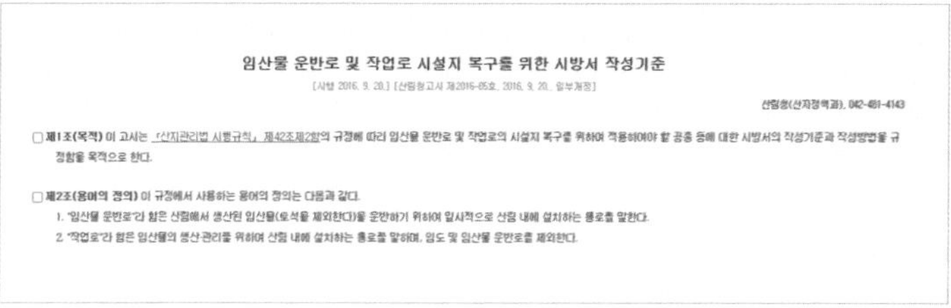
임산물 운반로 및 작업로 시설지 복구를 위한 시방서 작성기준

[시행 2016. 9. 20.] [산림청고시 제2016-65호, 2016. 9. 20., 일부개정]

산림청(산지정책과), 042-481-4143

□ 제1조(목적) 이 고시는 「산지관리법 시행규칙」 제42조제2항의 규정에 따라 임산물 운반로 및 작업로의 시설지 복구를 위하여 적용하여야 할 공종 등에 대한 시방서의 작성기준과 작성방법을 규정함을 목적으로 한다.

□ 제2조(용어의 정의) 이 규정에서 사용하는 용어의 정의는 다음과 같다.

1. "임산물 운반로"라 함은 산림에서 생산된 임산물(토석을 제외한다)을 운반하기 위하여 일시적으로 산림 내에 설치하는 통로를 말한다.
2. "작업로"라 함은 임산물의 생산·관리를 위하여 산림 내에 설치하는 통로를 말하며, 임도 및 임산물 운반로를 제외한다.

사진 16

2016년 9월 20일, 산림청은 '운재로'라는 용어를 '임산물 운반로'로 변경하였다. 따라서 앞으로는 운재로라는 용어를 사용하는 것은 적절치 않다.

작업로는 산림 내에서 임산물의 생산과 관리를 위해 설치하는 통로로 정의된다. 여기서 통로라는 개념을 살펴볼 필요가 있다. 통로는 사람이 다닐 수 있을 정도로 불편하지 않게 만든 길을 의미한다.

통상적으로 작업로는 산림 내에 개설되어 소형 자동차가 다닐 수 있는 길을 가리킨다. 여기서 소형 자동차란 승용차가 아니라 2.5톤 이하의 트럭을 말한다.

한편, 산림 내에서 대형 차량이 다니는 길은 작업로가 아니라 임도에 해당한다. 즉, 작업로는 소형 차량이 다닐 수 있는 길이라는 점에서 임도와 구분된다.

3.1.3 작업로 설치

가. 소요인력 (1일1km당)

(단위 : 인)

구 분	소요인력	인력구성
소작업로	2.0	보통인부
대작업로	3.0	

《참고》
  o 작업로 조성은 이동 및 주행에 방해가 되는 지상부 식생의 제거작업
  o 소작업로는 폭 1.5m 내외, 대작업로는 폭 3.0m 내외로 설치
  o 제거해야 할 상층목은 제외한 풀으로 속아베기 본수에 포함
  o 제거된 식생은 수집하지 않고 임내에 버리는 것을 기준으로 한다.

사진 17

숲 가꾸기 사업 설계 지침에서는 소작업로와 대작업로에 대해 언급하고 있다. 소작업로는 폭 1.5m 내외로, 사람이 이동할 수 있도록 만든 길이다. 반면, 대작업로는 폭 3.0m 내외로, 기계나 장비가 주행할 수 있는 통로라고 볼 수 있다.

그러면 '작업도'는 어떻게 다른가?

작업도는 차량이 다닐 수 있는 길을 의미한다. 이는 사람만 통행하는 길이 아니라, 소형 장비나 트럭이 주행할 수 있는 길을 가리킨다.

다만, 실무에서는 '작업도'라는 용어를 잘 사용하지 않는다. 일반적으로 작업로라는 표현을 더 많이 사용하고 있다. 따라서 숲 가꾸기 지침에서 언급한 대작업로가 작업도에 해당한다고 볼 수 있다.

숲 가꾸기 사업 지침에서 언급된 대작업로는 완경사지, 능선부, 계곡부에 형질 변경(절성토 50cm 이상 일어나는 일) 없이 지장목만 제거하여 차량(장비)이 이동할 수 있도록 만든 길이라고 해석할 수

있다. 반면, 작업도는 형질 변경을 동반하여 차량 통행이 가능하도록 만든 길이라는 점에서 차이가 있다고 주장할 수 있다.

산지에서 차량 통행이 가능한 길로는 임도(林道)가 있다. 그렇다면 임도와 작업도의 차이는 무엇일까?

임도는 산림기반시설기준에 맞게 개설된 도로이며, 노폭, 종단물매, 곡선반지름 등의 기준을 충족하여 차량이 이동할 수 있도록 설계된 길이다. 반면, 작업도는 이러한 규정이 없이, 산지 내에서 단순히 차량 통행이 가능한 길을 가리킨다.

길을
열고

숲을
살리다

[2장]

임도설계, 숲과 인간의 길을 그리다

- 1/5000 지형도는 정확하지 않다
- 임도 최소 종단물매(기울기)는?
- 노출형 횡단수로의 설치 방향
- 임도에서 최소 관의 크기는?
- 임도 노체 개설은 성토보다 절토 위주로
- 임도 성토사면 붕괴지 복구 방법
- 임도 피해는 성토 재료가 원인이다
- 임도 길어깨의 역할
- 포장 난간벽 설치 시 주의할 점
- 확폭은 곡선부 안쪽에 설치해야 한다

1/5000 지형도는 정확하지 않다

    2024년 6월, 남부지방산림청에서 2025년 임도타당성평가 용역에 참가할 업체를 선정하기 위한 심의회가 열렸다. 이번 심의회에는 총 5개 기관이 제안서를 제출했으며, 지난 3~4년간 임도타당성 평가용역을 수행해 온 한국치산기술협회도 참가 신청을 했다.

    임도 타당성 평가는 기존에 ①필요성, ②적합성, ③환경성의 3가지 항목으로 평가했으나, 현재는 이를 ①필요성, ②시공성, ③재해안전성, ④효율성, ⑤환경성으로 세분화하여 평가하고 있다.

    그동안 임도 타당성 평가서에서 제시된 임도노선을 기반으로 실시설계 용역을 진행한 결과, 시공 가능성에 대한 언급이 미흡하다는 점을 여러 차례 확인했다. 특히 급경사지에 임도노선을 선정한 사례를 타당성 평가 결과서에서 자주 접할 수 있었다.

    물론, 타당성 평가에서 제시한 노선대로 임도를 시공하는 것이 불가능한 것은 아니다. 그러나 문제는 비용이다. 예를 들어, km당 시공 단가가 10억 원이 소요되는 노선보다 5억 원이 드는 임도노선이 더 경제적일 것이다.

    그렇다고 시공성만을 기준으로 판단해서는 안 된다. 효율성, 환경성 등 다양한 요인을 종합적으로 비교·분석하여 최적의 노선을 선정하는 것이 중요하다.

임도 시공 가능성을 판단하려면 먼저 1/5000 지형도를 분석해야 한다. 현재 국토지리정보원(국가 정보 포털)에서 제공하는 수치 지형도 중 산지에서는 1/5000 지형도가 가장 정밀한 축적이다. 물론 도심지에는 1/1000 지형도가 제공되지만, 산지에서는 1/5000 지형도가 가장 높은 정밀도를 가진다.

임도타당성평가용역에 참가한 □□ 기관의 제안 발표자가 이렇게 말했다. "상세한 1/5000 지형도를 기초로 임도노선을 정확하게 분석 선정하겠다."

그러나 이는 사실과 다르다. 1/5000 지형도는 정확하지 않으며, 분명한 오차가 존재한다.

과거에는 1/5000 지형도가 현지 지형과 어느 정도 일치했으나, 현재(2024년)는 소계곡, 암반지, 급경사지 등 일부 구간에서 일치하지 않는 경우가 많다.

그 이유는 1/5000 지형도가 나무가 서 있는 상태에서 촬영한 사진측량 결과물을 기반으로 도출되었기 때문이다. 특히, 산지의 입목 수고가 평균 20m에 달하며, 울창한 낙엽송 등 산림에서는 수고가 30m 이상인 경우도 있다.

입목의 수고가 높다는 말은 사진측량으로 추출한 지형도의 오차가 커질 수밖에 없음을 의미한다. 이러한 한계는 임도노선 분석과 선정 시 반드시 고려되어야 한다.

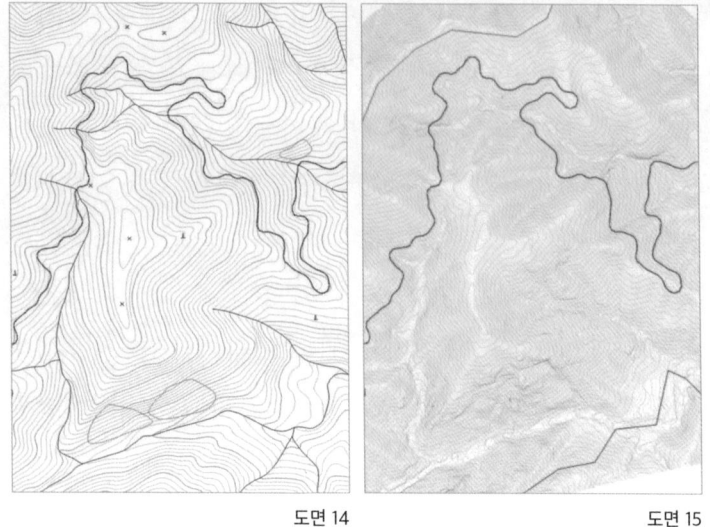

도면 14　　　　　　　　　　　　도면 15

　　도면 14와 도면 15는 2004년 2월에 설계한 울진 지역 국유림의 임도노선이다.

　　도면 14는 1/5000 지형도이고, 도면 15는 1/1000 지형도로, 드론과 LiDAR 측량을 통해 추출한 현실 지형도이다. 도면에서 빨간 선은 임도설계 노선을 나타낸다. 이 노선은 기존 타당성 평가 노선을 무시하고, 시공 가능성을 최우선으로 고려하여 재선정한 것이다.

　　기존 타평 노선은 시공이 거의 불가능한 지역에 선정되어 있었으며, 이를 그대로 따를 경우 현실적인 문제가 많았다.

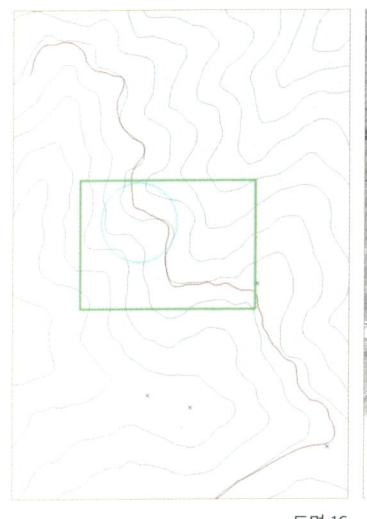 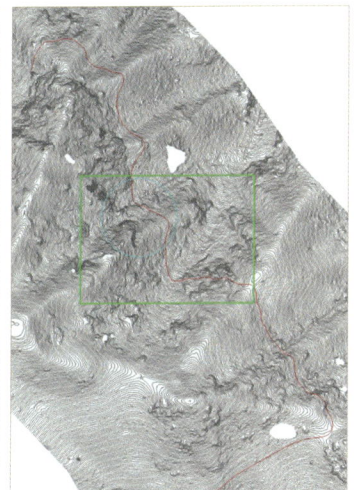

도면 16　　　　　　　　　　　　　　　도면 17

위 도면은 경남 합천 지역의 임도설계와 관련한 자료이다.

2024년 4월, 이 지역에 임도설계 용역을 맡은 업체에서 노선 배치의 적정성과 임도 시공 가능성을 검토해 달라며 자문을 요청해 왔다.

먼저, 도면 16(1/5000 지형도)에서는 횡단 경사가 험준하긴 했으나, 임도 개설이 가능할 것으로 판단되었다. 그러나 도면 17(1/1000 지형도), 즉 드론과 LiDAR 측량으로 추출한 현실 지형도를 확인한 결과, 노출암반이 과도하게 많아 임도 개설이 쉽지 않아 보였다.

그럼에도 불구하고, 비용이 더 들더라도 시공이 가능한 구간으로 노선을 재배치하여 설계를 진행했다.

사진 18

사진 18은 해당 임도노선 대상지의 위성지도이다.

위성지도에서는 암반 노출 상태를 자세히 파악할 수 없다. 만약 이곳에 LiDAR 측량 성과도와 같은 정확한 현장 지형 데이터 없이, 기존의 임도측량 방식(1/5000 지형도에서 노선 선정 후 간이측량)으로 현장 조사를 진행한다면, 온종일 산에서 헤매다 임도측량을 포기할 가능성이 크다.

기존 임도측량 방식으로 진행할 경우, 1/5000 지형도에서 보이지 않는 암반에 부딪힐 가능성이 높다. 이때, 측량팀은 암반을 피해 일정 거리를 후진하여 재측량을 반복해야 하며, 이는 작업 시간과 효율성을 크게 저하시킬 것이다.

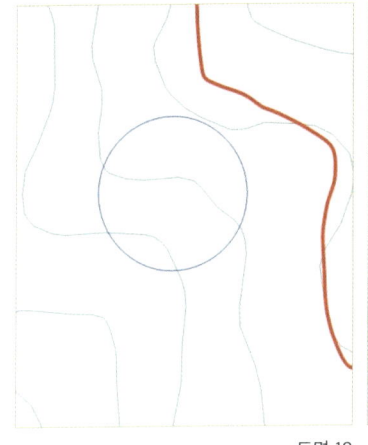 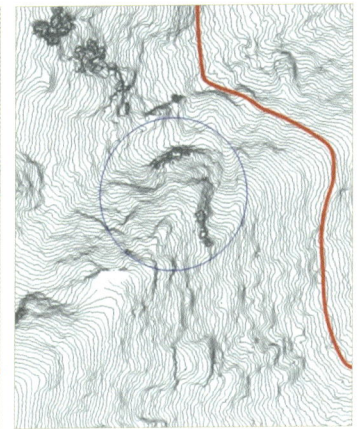

도면 18   도면 19

도면 18은 도면 16의 연두색 구역을 확대한 자료이다.

도면 18(1/5000 지형도)에서는 암반의 유무를 확인할 수 없지만, 도면 19(1/1000 지형도, LiDAR 측량 성과물)에서는 암반의 존재 여부를 쉽게 파악할 수 있다.

임도노선 선정 시, 암반을 피해 적정 종단물매와 횡단 경사를 설정할 수 있기 때문에 임도 시공 가능성을 판단하는 데 큰 도움이 된다. 노선을 선정한 후에는 현장에서 종단 계획 등을 최종 결정하면 된다.

1/5000 지형도는 전체 임도노선의 개략적인 계획을 세울 때 유용하지만, 최종 임도노선 선정이나 실시설계 용역 단계에서는 단순 참고 자료로만 활용해야 한다.

특히, 험준한 산지에서 임도 시공 가능 여부를 정확히 판단하려면, LiDAR 측량이 반드시 필요하다.

임도 최소 종단물매(기울기)는?

2023년 8월, 팔공산 일대에 집중호우가 쏟아졌다. 특히 팔공산 북쪽에 위치한 군위군 일대에서는 하천 수위가 범람하며 제방이 무너졌고, 그 주변 농지가 물에 잠겼다. 일부 가옥도 물에 잠기는 피해가 발생했다.

비가 조금씩 내릴 때는 하천이 흐르는 유량을 소화할 수 있었지만, 일시적으로 많은 빗물이 유입되면서 가장 부실한 제방 구간이 터져버린 것이다.

이는 임도의 옆도랑(측구)에서도 동일한 원리가 적용된다. 평상시에는 강우로 인해 흐르는 빗물을 측구가 소화할 수 있지만, 집중

사진 19

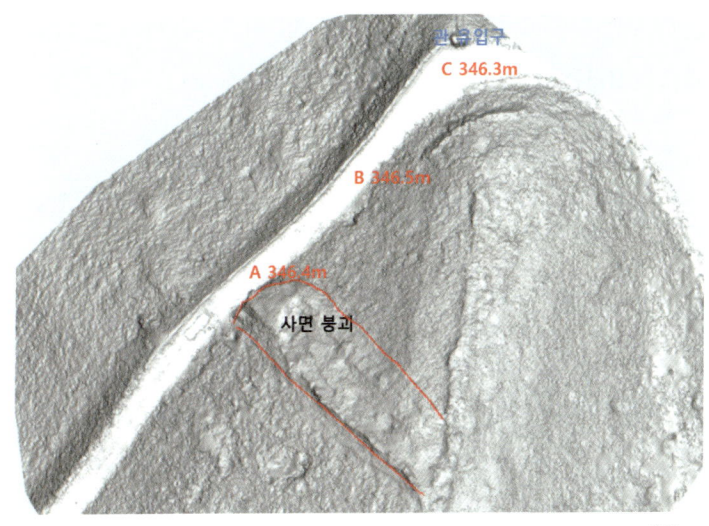

사진 20

호우 시에는 측구 용량을 초과해 빗물을 처리하지 못하는 상황이 발생할 수 있다.

사진 19는 2023년 팔공산 일대에 집중호우로 인해 붕괴된 임도 성토 사면의 모습이다. 육안으로 관찰한 결과, 성토 사면의 종단물매가 역기울기로 보이기도 한다.

사진 20은 사진 19 구간을 드론 LiDAR 촬영으로 얻은 수치표면 모형(Digital Surface Model)이다.

이 데이터는 산림 재해 복구 공사 설계를 위해 드론 LiDAR 측량을 통해 제작되었다. 사진 20을 통해 임도 노면을 쉽게 파악할 수 있으며, 계곡부의 관 유입구 위치까지 확인이 가능하다.

LiDAR 측량 데이터를 분석한 결과, 각 지점의 지반고는 다음과 같이 나타났다.

> A점 : 346.4m, B점 : 346.5m, C점 : 346.3m.

A점에서 C점까지의 임도 노면은 거의 수평에 가깝다. 임도 측구(옆도랑)의 기울기는 노면 기울기, 즉 종단물매와 동일하다.

측구는 평상시에는 수평 상태에서도 관 유입구 방향으로 빗물을 배수할 수 있었지만, 일시에 많은 비가 내릴 경우 빗물을 제대로 처리하지 못해 노면 위로 넘쳐버리는 상황이 발생했다.

결국, 노면 지반고가 가장 낮은 A점에서 문제가 발생했다. 측구에서 넘친 빗물이 A점의 노면으로 흘러 성토 사면으로 유입되었고, 이로 인해 성토 사면이 붕괴하게 되었다.

이 구간의 성토 사면 붕괴 원인은 A~C구간의 종단물매(기울기)가 0%였기 때문이다. 만약 A에서 C까지 측구(옆도랑)에 동수 기울기가 있었다면, 빗물이 A점으로 집중되지 않아 성토 사면으로 월류하지 않았을 가능성이 높다.

임도 노면은 종단물매(기울기)가 급한 구간에 부분적으로 콘크리트 포장을 할 수 있다. 그러나 특별한 경우를 제외하고, 임도 노면은 콘크리트나 아스팔트로 포장하지 않는 것이 원칙이다.

임도는 비포장도로이기 때문에 종단물매(기울기)를 최소 2~3% 이상으로 시공해야 한다. 이는 노면에 빗물이 고이지 않도록 하고,

옆도랑(측구)으로 배수가 원활히 이루어지게 하기 위함이다.

만약 노면이나 측구에 물이 고이게 되면, 임도 노체와 성토 사면이 손상될 위험이 높아진다. 따라서 적정 물매와 배수 관리는 임도 설계와 시공에서 필수적으로 고려해야 할 요소이다.

노출형 횡단수로의 설치 방향

　　　　임도 노면은 대부분 비포장으로 되어 있다. 콘크리트 포장은 차량 통행이 많고 종단물매가 급한 구간에 한해 부분적으로 시공한다.

　　또한, 종단물매가 급하지 않은 구간이라도 노면 침식을 방지하기 위해 혼합 쇄석을 부설하는 경우가 있다.

　　사진 21은 임도 노면에 콘크리트 포장을 시공한 구간이다.

　　노면에는 대각선 방향의 홈이 만들어져 있다. 이는 노면에 흐르는 빗물을 측구로 유도하기 위한 구조물로, 노출형 횡단수로 또는 개거라고 불린다.

사진 21

사진 21에서는 노출형 횡단수로(개거)가 노면에 흐르는 빗물을 측구(옆도랑)로 유도하며, 빗물이 노면에 고이지 않고 분산되도록 하는 역할을 한다.

그렇다면 노출형 횡단수로가 없다면 어떻게 될까? 빗물은 노면의 낮은 곳으로 모이게 된다. 빗물의 양이 적을 경우에는 큰 피해가 발생하지 않을 수도 있다. 그러나 집중호우가 내릴 경우, 노면에 흐르는 빗물이 한곳으로 집중되어 문제가 발생한다.

빗물이 한곳에 모이면 물의 양이 많아지고, 흐르는 물의 힘이 강해진다. 이 강한 물의 흐름은 성토 사면에 피해를 줄 우려가 높다.

사진 22는 노출형 횡단수로(개거)가 사진 21과 달리, 측구로 배수되지 않고 곧바로 성토 사면으로 배수되는 모습이다.

사진 22

배수된 빗물이 성토 사면으로 직접 흘러가도록 설계되었으며, 이를 보완하기 위해 성토 사면에 돌쌓기(돌붙임)를 시공하였다. 그러나 2023년 여름 집중호우로 인해 피해가 발생했다. 성토 사면이 완전히 붕괴되지는 않았으나, 돌쌓기 구간이 부분적으로 부서지는 피해가 있었다.

사진 23

사진 23은 노출형 횡단수로(개거)가 성토 사면으로 배수되어 성토 사면이 붕괴된 모습이다.

사진 22와 사진 23에는 공통점이 하나 있다. 두 사례 모두 측구(옆도랑)가 설치되지 않았다. 이는 아마도 측구를 설치하지 않음으로써 측구 너비에 해당하는 토공 비용을 절감하려는 의도로 보인다.

사진 24

사진 24는 대부분의 구간에서 측구가 설치되지 않은 임도노선이다. 이는 공사비 절감을 위한 선택으로 보인다. 절취 사면이 토사일 경우, 측구와 측구 너비만큼 절취를 하는 데 많은 비용이 들지 않는다. 그러나 사진 23과 사진 24처럼 절취 사면이 암반(경암)인 경우, 절취 비용이 상당히 소요된다.

공사비 절감을 위해 측구를 내지 않는 것도 경제적인 선택이 될 수 있다. 그러나 사진 23처럼 노면 유하수를 성토 사면으로 배수시키는 경우, 복구 공사 비용이 오히려 더 많이 소요될 수 있다.

노출형 횡단수로(개거)를 성토 사면 방향으로 배수하려면, 암반이 존재하거나 토사 퇴적층이 거의 없는 곳에 설치해야 한다. 그렇지 않으면 성토 사면의 붕괴 위험이 높아진다. 따라서, 노출형 횡단수로의 배수는 가능한 측구로 유도하는 것이 피해를 줄이는 방법이다.

임도에서 최소 관의 크기는?

2017년 2월 15일, 임도 구조 개량 사업 설계 도면을 검토하기 위해 현장을 방문했다. 이와 관련해 [산림관리기반시설의 설계 및 시설기준]을 살펴보자.

배수구는 수리 계산과 현지 여건을 고려하여 설치해야 하며, 기본적으로 100m 내외의 간격으로 배치한다. 배수구의 지름은 1,000mm 이상을 원칙으로 한다.

다만, 현지 여건상 필요한 경우에는 배수구의 지름을 800mm 이상으로 줄여 설치할 수 있다.

임도 현장을 방문해 설계 도면을 대조한 결과, 기존에 지름

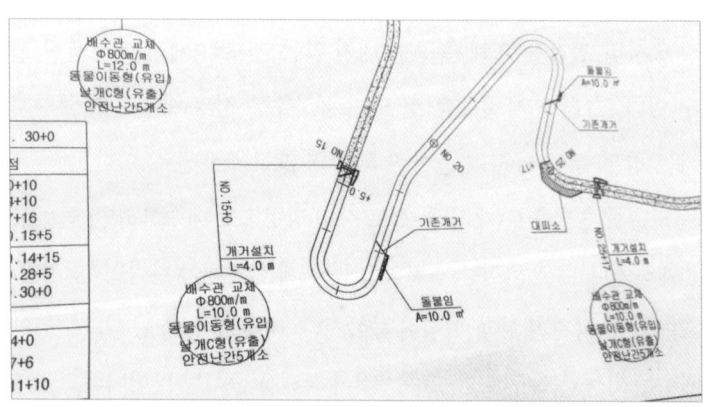

도면 20

사진 25

600mm 관이 매설된 모든 지점이 지름 800mm 관으로 교체되도록 설계되어 있었다.

이 임도는 시공된 지 약 15년이 경과했으며, 그동안 배수관 역할을 충실히 수행해 왔다. 해당 구간은 집수 유역 면적이 크지 않아, 호우 시에도 큰 유량이 발생하지 않는 지역으로, 지금까지 별다른 문제가 없었다.

그럼에도 불구하고, 설계자는 시설기준에서 언급된 최소 관 크기 800mm로 전량 교체를 계획했다. 아무리 시설기준에서 최소 크기를 800mm로 규정했다고 하더라도, 멀쩡한 관을 파헤치고 새로 매설하는 것은 명백한 예산 낭비이다.

파형강관 800mm의 시공비를 한 개소 기준으로 계산하면 대략 250만 원이 소요되며, 여기에 폐기물 처리 비용까지 합하면 총 300만 원 정도가 필요하다.

이는 서민 한 달 월급에 해당하는 금액이다. 아무리 개인의 호주
머니에서 나가는 돈이 아니라고 해도, 국민의 세금으로 지출되는
돈을 이렇게 낭비해서는 안 된다. 합리적인 사고로 설계할 필요가
있다.

임도 노체 개설은 성토보다 절토 위주로

○○군 임도 업무 담당자가 전화가 왔다.

"기술사님, ○○군 □□□입니다."

"예, 안녕하세요."

"임도 콘크리트 포장은 1m당 대략 얼마 정도 한다고 하셨나요?"

"간접 사업비를 포함하면 대략 1m당 15만 원 정도입니다."

"작년에 ◇◇ 임도 피해가 발생했는데, 복구 금액을 알고 싶습니다. 대략적인 금액을 알려 주실 수 있나요?"

"네, 가능합니다."

"조금 전에 현장 사진을 문자로 보냈습니다. 사진을 확인하시고 복구 금액을 추정해 주시면 감사하겠습니다."

사진 26

사진 27

피해 사진을 확인해 보니, 설계 자체에 근본적인 문제가 있는 것으로 판단된다. 물론 사진만으로 판독에 오류가 있을 가능성도 있다.

해당 구간은 산지 횡단 경사 기울기가 급한 지역으로, 성토 사면에 돌기슭막이(석축) 구조물이 시공되어 있었다. 그러나 사진을 보면, 석축의 기초부가 원지반에 제대로 시공되지 않은 것처럼 보인다.

더 큰 문제는 종단기울기가 낮은 구간에 노면을 콘크리트 포장하고, 노면 유하수를 물넘이 형태로 성토 사면으로 넘기도록 설계한 점이다. 이는 성토 사면에 우수가 직접 유입되어 위험을 초래할 수 있는 아주 위험한 설계라 할 수 있다.

성토 사면의 횡단 경사가 급한 구간에 석축을 시공한 경우, 우수가 그곳으로 집중되면 석축의 기초부가 침식되는 원인이 될 수 있다. 차라리 임도 개설 시 토공 비용이 조금 더 들고 산림 훼손이 증가하더라도, 성토 사면이 발생하지 않도록 순절토 위주로 노면을 형성하는 것이 장기적인 측면에서 훨씬 유리하다.

당장은 토공사의 절취 비용이 많이 들지만, 대신 성토 사면에 석축 비용을 절감할 수 있다. 2000년도에 경상북도 산림환경연구원에서 임도 사업 시행을 시작했다. 시·군에서 담당하던 임도 시공이 도지사 권한으로 이관되었다. 경북 산림환경연구원은 이전까지 사방사업만을 추진해 왔으나, 이후 임도 업무까지 수행하며 사업 영역을 확장했다.

사실, 당시 경상북도의 임도설계는 산림조합 경북지회에서 전적으로 담당하고 있었다. 임도의 핵심이 되는 노선 선정, 노선 측량, 곡선 설치, 종·횡단 계획, 기본적인 관 매설, 그리고 유토곡선 등 도로 설계의 기본 요소인 기술과 시스템이 갖추어진 상태였다.

산림조합 경상북도지회의 임도(도로) 시스템에 산림환경연구원의 사방 기술이 접목되었다. 그 결과, 경북 지역의 임도 품질은 전국 다른 지역보다 더 우수하게 개설된다는 평가를 받았다.

20년이 흐른 지금, 당시의 명성은 많이 희미해졌다. 이제는 타 지역에서도 저렴한 비용으로 임도를 잘 개설하고 있다는 평가를 받는다. 하지만 여기에는 모순이 존재한다. 단순히 설계도서만 보고 저렴하게 잘 개설했다고 평가할 수는 없다. 임도 개설은 현장 여건과 각 지역의 특성을 충분히 고려해 이루어져야 한다.

타 지역의 경우, 관 매설 자재로 저렴한 재료를 사용하거나, 암반 노출이 없는 완만한 사면을 선택해 임도 단비를 낮출 수 있다.

그러나 피해 사례에서 보듯, 절·성토량의 균형만을 맞춰 개설할 경우, 튼튼한 임도보다는 비용이 저렴한 임도가 우선시된다. 하지만 저렴하게 개설한 임도가 항상 좋은 것은 아니다.

현지 여건에 따라 순절취 방식이 더 유리할 수 있으며, 일부 구간에서는 성토 사면에 석축 등 구조물이 필요할 때도 있다. 최상의 임도 계획을 세우는 일은 여러 요소를 종합적으로 고려해야 하기 때문에 결코 쉽지 않다.

당장의 비용 절감만을 우선시하는 임도개설보다는, 개설 이후의 관리 비용과 피해 발생을 최소화할 수 있는 견실한 임도를 우선적으로 고려해야 한다. 또한, 당장 비용이 적게 들어가는 임도개설로 개설 비용을 당장 절감이 우선하기보다 임도개설 후 관리 비용과 피해 발생이 되지 않는 견실한 임도가 우선적으로 고려해야 한다. 또한,

많은 산림공학기술자들이 더 깊은 고민과 연구를 통해 최적의 효과를 낼 수 있는 임도설계와 시공을 실현하기를 바란다.

임도설계를 처음 하는 기술자가 흔히 범하는 오류가 있다.

종단물매 계획을 대충 설정한 뒤, 횡단도면에서 성토 사면 길이가 긴 단면에는 석축이나 옹벽 같은 구조물을 단순히 반영하는 것이다. 이러한 설계는 현지 여건을 충분히 고려하지 않은 채 작성되는 경우가 많다.

문제는 시공자가 설계 도면대로 공사를 진행하면서 억지로 공사를 진행해야 하는 상황이 발생한다는 점이다. 특히, 횡단 경사가 급한 곳에 옹벽을 시공했으나, 그 이듬해에 옹벽이 전도된 사례를 여러 번 목격한 적이 있다.

많은 비가 내리지 않아도, 성토된 토량이 함수율이 높아지면서 산사태의 원인이 될 수 있다. 특히, 성토로 형성된 노체는 시간이 지나면서 침하가 지속적으로 발생한다. 최소한 5년 동안은 침하가 진행될 것으로 판단되며, 이는 성토량과 성토 재료의 토질에 따라 달라질 수 있다.

수천 년 동안 자연적으로 형성된 원지반 노면과 인위적으로 성토한 노면, 어느 쪽이 튼튼할까? 그 답은 누구나 쉽게 알 수 있는 사실일 것이다.

임도 성토사면 붕괴지 복구 방법

○○ 국유림관리소에서 연락이 왔다.

"기술사님, 산사태 복구 2차 발생지에 대한 항구복구 방안을 논의하기 위해 현장 토론을 열고자 합니다. 언제 시간이 되시나요?"

두세 달 전에도 연락을 받았지만, 일정이 맞지 않아 참석하지 못했다. 이번에는 전문가로 불러준 데 대해 감사한 마음으로 참여하기로 했다.

약속한 시간 오후 2시, 나는 10분 일찍 도착했는데, 이미 참석 예정자들이 모두 와 있었다. 곧바로 산사태 발생 현장으로 이동했다.

현장은 임도 성토사면이 붕괴된 곳이었다. 2023년에 성토사면 붕괴가 발생해, 2024년 6월 말 복구 공사를 마치고 준공 검사를 완료

사진 28

한 지역이었다. 그러나 준공 검사 후 약 열흘 만에 집중호우로 인해 복구된 사면이 다시 무너지는 사태가 발생했다.

2023년 1차 붕괴 후 복구 설계 도면은 임도 절취 사면을 노폭 2m 정도 추가 절취하여 전체 노폭을 확보하도록 계획되어 있었다. 또한, 성토 사면에는 높이 1.5m, 길이 25m의 석축을 시공하도록 설계되어 있었다.

이곳 복구 공사는 일반 산림토목법인이 맡았다. 복구 공사 과정에서, 당초 설계에 포함된 절취 사면의 암 절취 공정은 수행하지 않았다. 대신, 성토 사면에 1.5m 높이의 석축을 2단으로 변경하여 시공했다.

토론회에 시공사 관계자는 참석하지 않았지만, 감리원은 석축의 기초 콘크리트를 원지반에 설치했다고 주장했다. 그러나 시공 사진을 확인해 보니, 성토 사면에 2단 석축을 시공하면서 기초 콘크리트가 온전히 원지반에 놓이지 않은 것으로 보였다(물론, 사진만으로 판단한 것이므로 오류가 있을 수 있다). 기초 콘크리트의 절반 정도는 원지반에 놓였고, 나머지 절반은 터파기한 암 파쇄석 위에 걸쳐 있는 것으로 보였다.

임도 노폭 확보를 위해 산지 횡단 기울기가 75% 이상인 지형에서는 성토를 하면 안 된다.

그림 1은 산지 경사가 75%인 지형에 성토 사면 기울기 1:1.2로 성토한 임도 단면을 보여준다. 그림 1을 보면, 원지반 기울기 75%와

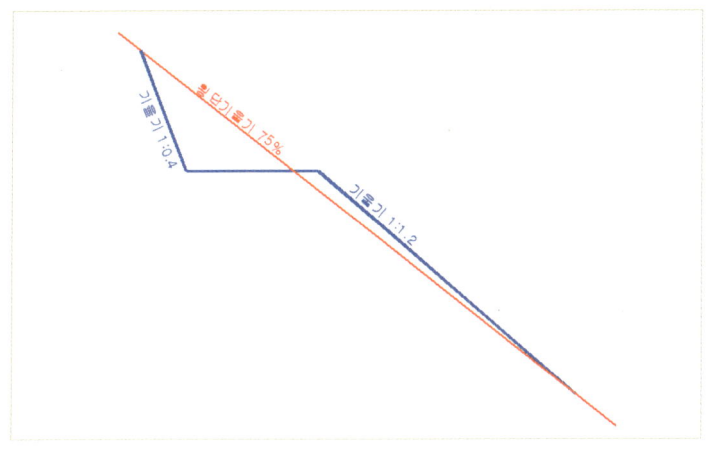

그림 1

성토 사면 기울기 1:1.2가 비슷한 경사를 이루고 있음을 알 수 있다.

산림기반시설 기준에서는 임도 성토사면의 기울기를 1:1.2 이상으로 정하고 있다. (다만, 실제 암반 파쇄석으로 성토할 경우에는 1:1.0 기울기로 시공이 가능하다.)

산림기반시설 기준에서 정하는 성토 사면 기울기 1:1.2로 성토하려면, 산지 경사가 75% 이하일 경우에만 가능하다. 만약 산지 경사가 75% 이상인 경우에는 순절토 단면으로 계획하는 것이 안전하다. 시공 당시에는 토공 비용이 다소 높을 수 있지만, 항구적으로 순절토 단면이 이루어지면 재해에 강한 임도를 조성할 수 있다.

다시 복구 현장 토론회 이야기로 돌아가 보자. 절취 사면은 풍화암과 연암의 중간 정도 강도로 보이는 암반이었다. 사면 높이는 다소 높았지만, 굴삭기와 같은 장비가 접근하지 못할 정도의 지형은 아니었다. 그러나 2차 붕괴된 임도 사면에 동일한 공종과 공법으로 복구를 진행한다면, 피해가 재발할 가능성이 높다. 이런 상황에서는 과감히 암반 절취를 통해 임도 노폭을 확보하는 것이, 견실하고 안전한 임도를 만드는 데 필수적이다.

임도 피해는 성토 재료가 원인이다

    2020년 10월의 마지막 일요일, 가을 단풍을 구경하며 김천시 증산면 황점리에서 수도리까지 이어지는 임도 현장을 다녀왔다.

  이곳 임도는 산림조합 경북지회에서 시공한 곳으로, 1995년에 개설이 시작되었다. 당시 산림조합중앙회 경북지회에 입사한 해로, 첫해에 약 4.0km를 시공했고, 이듬해에도 4.0km를 추가로 시공했다.

  임도공사는 황점리에서 시작되어, 1997년에 약 8km를 추가로 개설해 황점리와 수도리를 연결하는 총 16km 길이의 임도를 완성했다. 이후, 2000년에 들어와 지선임도와 작업 임도가 추가로 개설되었다.

  특히, 수도리 임도 종점부 주변에는 자작나무 숲이 형성되어 있다. 자작나무는 대체로 남부지방에서는 잘 자라지 않지만, 수도리는 가야산과 연결된 단지봉 아래의 높은 지대에 위치하고 있어 자작나무가 자랄 수 있었다. 이곳의 자작나무는 1995년에 심어진 것이다.

  연장거리 20km가 넘는 임도에서 2020년 여름, 피해가 발생했다. 절취 사면의 일부가 무너진 소규모 피해 구간도 있었지만, 피해가 큰 곳은 두 군데 정도였다. 그중 한 곳은 성토 면이 무너진 곳으로, 1995년에 개설된 구간이었다. 25년 동안 큰 문제 없이 잘 유지되었으나, 2020년 여름 긴 장마를 견디지 못하고 결국 붕괴된 것이다.

사진 29

나름대로 붕괴 원인을 생각해 보았다. 임도 성토 사면은 작은 소계곡부에 위치해 있으며, 성토 재료는 마사토와 점질토가 혼재되어 있었다. 유난히 길었던 이번 장마 동안, 토사 입자 사이의 공극에 빗물이 채워지면서 함수율이 높아졌고, 결국 슬라이딩이 발생한 것으로 보인다. 만약 장마가 길지 않고 단시간의 집중호우로 그쳤다면, 아마도 붕괴까지는 이어지지 않았을 것이다.

또 한 군데, 큰 면적에서 발생한 산사태 역시 성토 사면이 미끄러지면서 발생했다. 임도 개설 전, 이곳의 횡단 사면은 급경사였다. 절취 사면의 길이가 상당히 길었으며, 성토 사면에도 일정 부분 흙이 쌓여 있었다. 쌓여 있던 흙의 양은 많지 않았지만, 원지반 경사 기울기가 급한 탓에 이번 장마 기간에 슬라이딩이 일어난 것으로 보인다.

또한, 이 구간은 임도 종단물매가 약 13%로 상당히 급한 편이다.

종단기울기가 급하다 보니, 노면에 흐르는 유하수가 일부 성토 사면으로 흘러내린 것이 원인 중 하나로 추정된다.

어떻게 시공하고 설계해야 건실한 임도를 만들 수 있을까? 답을 찾으려 했지만, 뚜렷한 결론을 내리지 못했다.

다만, 성토 재료는 투수계수 값이 크고 마찰력이 높은 재료를 사용하는 것이 중요하다. 막자갈이나 암반 파쇄석 같은 재료가 적합하다는 통상적인 결론밖에 내릴 수 없었다.

임도 길어깨의 역할

「산림자원의 조성 및 관리에 관한 법률 시행규칙」제15조 제1항 별표 2에는 [산림관리기반시설의 설계 및 시설기준]이 명시되어 있다. 임도(林道)에 대한 규정이다.

2020년 현재, 법에서 규정한 임도의 종류는 다음 4가지로 구분된다.

① 산불진화임도(과거 산불예방임도) ② 간선임도 ③ 지선임도 ④ 작업임도이다.

과거에는 산불예방임도라는 용어를 사용했으며, 2000년 이전에는 1급 임도와 2급 임도라는 명칭이 사용되었다.

산림관리기반시설의 핵심은 임도이다. 임도 규정에서는 간선임도와 지선임도의 노폭 및 종단물매에 관한 기준이 동일하게 적용된다. 작업 임도는 간선임도와 지선임도에 비해 노폭이 좁은 도로로 설계된다.

[산림관리기반시설의 설계 및 시설기준]에 따르면, 간선임도와 지선임도의 유효 너비는 3.0m이며, 길어깨(노견)는 0.5~1.0m로 설치하도록 명시되어 있다. 작업임도의 경우, 유효 너비는 2.5~3.0m, 길어깨는 0.5m로 설정한다.

유효 너비와 길어깨를 합치면 전체 노폭, 즉 임도 너비가 결정된다. 실무에서는 간선임도의 임도 너비를 길어깨를 포함해 4.0m로 기준하여 설계한다. 이때, 곡선부에서는 차량 통행의 안전성과 효율성을 고려해 확폭 설계를 적용한다.

길어깨는 차량이 통행하는 주행 노폭을 제외한 여유 공간을 의미한다. 고속도로의 경우, 길어깨는 비상 차량의 통행과 노면에 흐르는 유하수 처리를 위한 여유 공간으로 활용된다.
그렇다면 임도에서 길어깨의 역할은 무엇일까?
가장 중요한 요소는 안전거리 확보일 것이다. 만일 길어깨 없이 유효 너비만으로 임도를 개설한다면, 차량 통행 시 안정성이 크게 저하된다. 노폭이 좁으니 차량 속도도 높일 수 없다.

사진 30

사진 30은 2020년 10월에 준공된 임도이다. 이 구간에서는 노면에 콘크리트 포장을 하고, 좌우 길어깨 구간에다가 난간(다이크)을 설치했으며, 옆도랑(측구) 없이 설계되었다. 또한 옆도랑이 없기 때문에 노면이 자연스럽게 배수 역할을 하게 된다. 다만, 노면이 콘크리트로 포장되어 있어 침식의 우려는 없다.

사진 30에서 확인할 수 있는 임도 노폭은 3.2m이다. 직선 구간에서는 유효 너비 3.0m만으로도 차량 통행이 가능하지만, 곡선부에서는 안정성과 차량 회전을 고려해 확폭을 적용하여 3.2m로 시공된 것으로 보인다.

사진 31

사진 31에서는 길어깨가 없다고 볼 수 있다. 길어깨 없이 콘크리트 포장과 난간으로 시공되었기 때문에, 공사비는 절감되었을지 모르지만, 차량 통행의 안전을 확보할 수 있는 여유 공간이 부족하다.

임도 초기 시설비용은 절감할 수 있겠지만, 간선임도의 역할을 충실히 하기에는 부족함이 있다. 이처럼 콘크리트 포장과 난간을 동시에 시공하는 경우, 길어깨를 확보하여 노폭을 넓게 설계하는 것이 안전성에 유리하며, 차후 임도의 유지관리 측면에서도 더 효율적일 것이다.

이러한 설계 방식은 발주처의 요구사항 또는 설계자의 주관적인 판단에 따라 이루어진 것으로 보인다. 임도 규정에 명확히 명시된 사항은 아니지만, 길어깨를 확보하는 것이 합리적이고 타당하다고 개인적으로 판단한다.

포장 난간벽 설치 시 주의할 점

종단물매가 급한 구간에서는 콘크리트 포장을 시공하고, 노면에 흐르는 유하수를 한쪽 면으로 모아 흐르게 하게 위해 난간벽을 설치한다. 이 구조물을 포장 난간벽이라고 한다.

사진 32

사진 32는 2019년에 준공된 임도 현장이다. 사진 32에서 보듯, 왼쪽의 포장 난간벽은 제 역할을 하지 못하고 있다. 오히려 차량 통행, 특히 대형 차량의 운행에 지장을 초래하고 있다.

포장 폭이 충분히 확보되지 않은 상태에서 난간벽을 설치하면 대형 차량의 바퀴가 난간벽에 부딪히는 문제가 발생할 수 있다. 사진 32의 경우, 난간벽을 설치하지 않는 것이 오히려 더 나은 선택이었을 것이다.

사진 32에서 왼편은 절취 사면의 길이가 짧고, 원지반 횡단 경사가 완만하다. 이로 인해 토공사 비용이 크게 들지 않을 가능성이 높다. 어쩌면, 난간벽을 설치하는 비용보다 더 저렴할 수도 있다.

난간벽을 설치하지 않고 옆도랑(측구)을 낼 경우, 종단물매가 급한 구간에서는 침식의 우려가 있을 수 있다. 이를 보완하기 위해 침식방지 시설을 설치해야 한다. 난간벽을 설치하지 않을 경우, 임도의 노폭이 더욱 넓어져 차량 통행과 안전성 측면에서 유리하다.

사진 33

콘크리트 포장을 하면서 절취면 쪽으로 난간벽을 설치하면, 측구(옆도랑)를 따로 설치하지 않아도 된다. 노면이 옆도랑의 역할을 하게 된다. 결과적으로, 옆도랑 너비만큼의 절취를 줄일 수 있어 절취 토량이 줄어든다. 공사 비용 측면에서 유리하다.

사진 33의 경우, 사진 32보다 절취 사면의 길이가 더 길다. 따라서, 이 구간에 포장 난간벽을 설치하면 토공사 비용 절감 효과가 더욱 커진다.

사진 34

    노면의 유하수가 흘러내리는 것을 방지하기 위해, 때로는 성토면에 난간벽을 설치하기도 한다. 사진 34와 같이 직선 구간에서는 큰 지장이 없지만, 곡선반경이 작은 구간에서는 난간벽이 차량 통행에 방해가 될 가능성이 높다. 이는 곡선 구간에서 차량의 뒷바퀴가 앞바퀴 자국을 따라가지 못하고 곡선의 안쪽으로 이동하기 때문이다.

    임도 곡선 구간에서는 곡선부 안쪽이 낮도록 횡단물매를 외쪽 물매로 설계해야 한다. 이렇게 해야 차량 통행의 안전성을 확보할 수 있다. 그러나 곡선 안쪽의 외쪽 물매가 낮아지면, 노면을 따라 흐르는 유하수가 곡선 안쪽으로 집중될 가능성이 크다. 특히, 해당 구간이 성토사면일 경우, 유하수가 성토면을 침식하거나 붕괴를 초래할 우려가 있다. 이러한 문제를 방지하려면, 사진 34와 같이 성토면에 포장 난간벽을 설치해 유하수로 인한 침식을 예방할 수 있다.

    도로 곡선 구간에서는 차량 통행의 안전을 위해 노면의 횡단물매를 곡선부 안쪽이 낮도록, 즉 외쪽 물매가 되도록 시공하는 것이 가장 중요하다.

확폭은 곡선부 안쪽에 설치해야 한다

차량이 곡선 구간에서 회전할 때, 뒷바퀴는 앞바퀴 궤적보다 안쪽으로 이동한다. 특히, 곡선반지름이 작을수록, 뒷바퀴는 더 안쪽으로 들어오는 현상이 뚜렷해진다.

고속도로처럼 곡선반경이 100m 이상 되는 경우에는 이러한 현상을 잘 느끼지 못한다. 하지만, 90도로 굽은 골목길을 운전할 때는 차량의 뒷바퀴가 앞바퀴의 궤적보다 안쪽으로 이동하는 것을 쉽게 경험할 수 있다.

따라서, 곡선 구간에서는 운전자가 앞바퀴를 바깥쪽 궤적으로 운전해야 차량의 뒷부분이 건물, 벽체, 기둥 등에 부딪히는 사고를 예방할 수 있다. 이러한 이유로 곡선부 안쪽에 확폭을 설치하여 차량 통행의 안전을 확보하는 것이다.

임도의 곡선부 너비는 다음의 기준 이상으로 확대하여야 한다.

곡 선 반 경	확 대 기 준(미터)
10미터 이상 ~ 13미터 미만	2.25
13미터 이상 ~ 14미터 미만	2.00
14미터 이상 ~ 15미터 미만	1.75
15미터 이상 ~ 18미터 미만	1.50
18미터 이상 ~ 20미터 미만	1.25
20미터 이상 ~ 25미터 미만	1.00
25미터 이상 ~ 30미터 미만	0.75
30미터 이상 ~ 40미터 미만	0.50
40미터 이상 ~ 45미터 미만	0.25

표 1 임도 확폭너비기준

표 1은 임도에서 정하는 확폭너비기준을 보여준다. 확폭 너비는 곡선반경이 작을수록 증가하며, 곡선반지름과 반비례하는 특성을 가진다. 따라서 직선 구간에서는 확폭이 필요하지 않으며, 곡선 구간에서만 적용된다.

사진 35

2024년 9월, 시공 중인 임도에서 곡선반경이 10m 정도로 시공된 구간이 있었다.

현장대리인에게 "곡선반경이 10m이므로 확폭을 설치하라"고 지시하니, 그는 "확폭은 이미 곡선부 바깥쪽으로(사진 35처럼) 설치되어 있다"고 답했다.

그러나 사진 35처럼 곡선반경이 10m이고, 확폭이 곡선부 바깥쪽으로 설치되었다면, 실제로는 곡선반경이 7~8m로 줄어드는 상황이 된다. 이는 확폭이 곡선부 안쪽에 설치되어야 하는 기본 원칙을 무시한 결과이다.

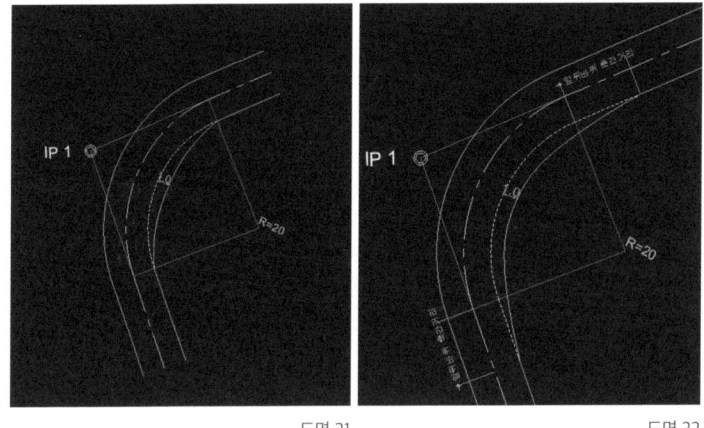

도면 21   도면 22

　도면 21에서 확폭 설치 이전의 하얀색 선이 임도 노면의 끝선을 나타낸다. 곡선반경이 R20일 때 확폭 너비가 1.0m라면, 도면 21처럼 시공하면 된다고 생각할 수 있다. 하지만, 이는 틀린 방식이다.

　곡선부 안쪽 중앙부의 확폭 기준 너비 값이 1.0m가 되도록 해야 하며, 도면 22처럼 [곡선 시점 + 차량 축간거리]에서 [곡선 종점 + 차량 축간거리]까지 확폭을 설치해야 한다.

　국도나 고속도로에서는 완화 곡선(클로소이드곡선)을 적용한다. 곡선 구간에서 완화 곡선을 설치할 경우, 확폭 너비는 완화 곡선의 시작점부터 반영해야 한다.

가. 차량규격·속도기준
  (1) 임도설계에 기준이 되는 차량의 규격은 다음 표와 같다.

(단위 : 미터)

제원 자동차종별	길이	폭	높이	앞뒤바퀴 거리	앞내민 길이	뒷내민 길이	최소회전 반경
소 형 자 동 차	4.7	1.7	2.0	2.7	0.8	1.2	6.0
보 통 자 동 차	13.0	2.5	4.0	6.5	2.5	4.0	12.0

표 2 임도설계 기준 차량 제원

    그러나 임도는 저속도로이기 때문에 완화 곡선을 설치하지 않는다. 임도설계에서는 설계 기준 차량 축간거리를 고려하여, 곡선 시점 전 차량 축간거리(6.5m)를 더한 지점부터 확폭이 시작되어야 한다.

길을
열고

숲을
살리다

[3장]

임도측량, 숲과 조화를 이루는 첨단 기술

- 혼자서 임도측량을 한 적이 있었다
- 임도측량 오차에 대한 고민
- 임도측량은 측량이 아니다
- 임도측량, 쉽지 않다
- 임도설계도면 오차의 허용범위는?
- 중심선측량과 영선측량
- 『임도설계 따라가기』 질문에 답하다
- 임도측량 오차를 줄일 수 있다
- 험준한 산지에서의 임도측량은?
- 임도설계 시 현장 답사는 필수이다
- 숲속에서도 오차 없이 정밀측량 할 수 있다
- 그냥 고민하지 말고 임도측량 하세요
- 라이다(LiDAR) 기술을 적용한 임도설계

혼자서 임도측량을 한 적이 있었다

2019년 10월 26일 토요일. 주말마다 내가 가는 곳은 다름 아닌 산이었다. 남들은 가을 단풍을 즐기며 산행을 떠나는 계절이지만, 나에게는 일터였다. 산행이 아니라 현장 조사를 위한 길이었다.

굳이 주말에 산으로 향하는 이유가 있었다. 바쁜 일정도 있었지만, 무엇보다 평일에는 업무용 전화가 끊임없이 울려 현장에서 집중하기 어렵기 때문이었다. 반면, 주말의 조용한 산은 작업에 몰두할 수 있는 최적의 환경이었다. 동행하는 동료에게는 조금 미안한 마음이 들기도 했다. 휴일마다 현장 조사하러 가자고 하니….

사진 36

2019년 10월 26일 토요일. 나의 일터는 문경시 마성면 외어리였다. 정확한 연도는 기억나지 않지만, 약 20년 전, 그곳에서 임도 측량을 보조자 없이 혼자 진행한 적이 있었다. 지금처럼 GPS 수신기를 이용해 손쉽게 위치 값을 찾을 수 있는 시스템이 없던 시절이었다.

오로지 종이 도면만으로 현재 위치를 파악하며 주변 지형지물을 대조하고, 임도측량을 감각에 의존해 진행해야 했다. 이 과정을 통해 자연스럽게 독도법(지형도 판독 기술)을 익힐 수 있었다.

20년 전, 내가 혼자 측량했던 임도는 탄광 갱구의 진입로를 그대로 임도로 활용하려는 노선이었다. 도면상으로는 임도의 규정을 준수 하지 못하는 부분이 있었다. 임도의 종단물매는 콘크리트 포장을 하더라도 최대 18%를 초과해서는 안 된다는 기준을 벗어난 구간이 일부 존재했던 것이다. 하지만 탄광 진입로는 이미 임도 노폭만큼의 넓이를 확보하고 있었고, 해당 임도 구간은 1km가 채 되지 않

사진 37

는 단거리였다. 이런 조건에서는 다른 노선을 새로 계획하기가 현실적으로 쉽지 않았다.

임도측량에는 보조인이 필수적이다. 한 측점마다 20m 간격으로 거리를 측정하기 위해 줄자를 잡아줄 사람이 필요하며, 종단 측량, 평면 측량, 횡단 측량을 수행하려면 보조 인력이 반드시 있어야 한다. 하지만 당시 나는 보조인 없이 임도측량을 진행할 수밖에 없었다.

그 이유는 단순했다. 산림조합중앙회 소속으로, 지역 조합의 직원에게 하루 전에 보조 인력을 요청했었다. 그러나 당일 오후에 출발하기 전, 보조자 지원을 다시 요청하자 상대방은 "이제 와서 이야기하면 보조자를 지금 구할 수 없다"고 답했다. 준비가 부족했던 탓에 결국 혼자서 임도측량을 해야 했다.

나무 사이로 길이 없는 산지에서는 사실상 혼자서 임도측량이 불가능하다. 하지만 다행히 기존에 나 있는 길을 이용하여 임도측량이라서 억지로나마 혼자 측량을 진행할 수 있었다.

줄자 20m 간격마다 빨간 천을 매달아 두면 비교적 쉽게 거리 측정이 가능하다. 횡단 측량은 시간이 오래 걸리긴 하지만, 혼자 폴대를 사용해 착정할 수 있었다.

문제는 종단 측량이었다. 앞 측점의 내 눈높이와 동일한 높이를 시준해야 하는데…. 눈높이에 해당하는 나뭇가지에 빨간 천을 매달아 시준하니 작업이 한결 수월해졌다. 약간의 오차는 불가피했지만, 이 방법으로 혼자서도 임도측량을 진행할 수 있었다.

20년 만에 다시 찾아간 그 임도는 구조개량 사업의 흔적이 역력했다. 전 구간이 콘크리트로 포장되어 있었으며, 사면은 자연적인 식생 복구로 녹화가 잘 이루어진 상태였다. 배수 체계도 큰 문제가 없어 보였다.

다만, 임도 시설 규정상 최대 종단물매는 18%로 제한되어야 하지만, 현장을 확인해 보니 180m 구간에 약 19%의 종단물매가 적용되어 있었다. 그럼에도 불구하고 전 구간이 콘크리트로 포장되어 있어 차량 통행에는 큰 문제가 없었다. 그 이유는 평면 곡선 반경이 작은 구간이 없었기 때문이다.

임도측량
오차에 대한 고민

열흘 전, ☆☆ 협력업체에서 전화가 걸려 왔다.

"기술사님, ○○ 임도 당초 설계에 5m 정도 오차가 있다고 공무원에게 연락받았습니다."

"누가 그런 이야기를 했나요?"

"공무원이 그렇게 얘기했습니다. 혹시 측량 오차 때문에 우리 업체가 경고를 받게 될까 봐 기술사님께서 신경 좀 써 주시면 감사하겠습니다."

"별일 아닌 것 같은데요."

사실, 지난해(2019년) 연말에 ☆☆ 설계업체가 임도설계용역을 낙찰받아 진행하면서, 내가 측량 작업을 도와준 적이 있다. 임도의 노선 선정과 측량 작업은 생각만큼 쉬운 일이 아니기 때문이다. 나도 1995년에 처음 임도측량을 하면서 엉망으로 노선을 선정했던 경험이 있다.

☆☆ 설계업체는 임도설계 경험이 그리 많지 않아 함께 현장 조사를 진행하며 노선 성정과 측량 작업을 지원했다.

임도 신설 측량을 수행한 지난 25년 동안, 큰 고민 중 하나는 종단 측량에서 발생하는 오차 문제였다. 2000년 이전에는 임도측량에서 오차가 발생하더라도 이를 검증할 사람이 거의 없었기 때문에 대

도면 23

체로 대충 넘어가곤 했다. 임도는 고속도로처럼 차량 속도를 요구하는 도로가 아니기에, 정밀한 측량이 이루어지지 않아도 큰 문제가 되지 않았던 것이다.

오차를 최소화하기 위해 광파기를 설치하여 측량을 진행할 수도 있다. 그러나 숲속에서는 시준 조건이 열악해 작업에 많은 시간이 소요된다. 설계용역비 대부분을 측량에 투입해야 할 정도로 비용 부담이 크다. 더욱이 발주처에서는 측량비용을 별도로 책정하지 않는 경우가 일반적이다.

이러한 상황에서 대부분의 산림 설계업체는 임도 신설 측량을 간이측량 방식으로 진행하고 있다. 오차가 발생하더라도 경제적인 이유로 이를 감수하는 것이다. 만일 고속도로처럼 차량 이용량이 많고 속도가 중요한 도로에서는 이런 간이측량 도구를 사용하는 것은 절대 허용될 수 없는 일이다.

산에는 과거에 비해 숲이 훨씬 울창해졌다. 숲속에서는 GPS 신호 수신이 원활하지 않다. GPS 위성 신호를 정확히 수신하려면 하늘이 열려 있어야 하며, 이를 통해 X, Y, Z값의 정확한 데이터를 얻을 수 있다.

현재(2020년 6월 기준) 계류 보전 사업 대상지나 사방댐 사업 대상지의 경우, GNSS 기계를 두 대 설치해 측량 오차를 보정함으로써 정확한 값을 얻고 있다.

그러나 임도 신설 측량의 경우, 노선 길이가 길어 GNSS 기계 두 대만으로 측량을 진행하기에는 어려움이 많다. 계류 보전 및 사방댐 사업의 경우에는 작업 구간이 비교적 짧아 GNSS 기계 두 대로도 무리 없이 측량이 가능하다.

임도 신설의 경우 길이가 짧더라도 대개 산 능선을 넘어가게 된다. 이런 상황에서는 GPS 수신 상태가 좋은 곳에 설치된 GNSS 기계가 능선 너머에 있는 다른 GNSS 기계와 신호를 원활히 주고받지 못할 가능성이 크다.

드론을 활용해 임도측량을 진행할 수 있다. 하지만 드론은 배터리 사용 시간이 약 20분 정도로 제한되며, 임도측량은 보통 4~5시간 이상 소요된다. 따라서 배터리 시간의 한계로 인해 드론을 활용한 측량도 결코 간단하지 않다.

2대의 GNSS를 활용한 측량은 개활지, 산지 훼손지, 계류 보전 사방댐 사업 대상지에서는 오차 없이 수월하게 진행할 수 있다. 그러나 임도 신설 측량의 경우, 오차를 완전히 없애려면 여전히 상당한 비용이 소요되는 실정이다.

2020년 현재에도 임도 신설 측량에서 정밀한 데이터를 추출하는 방법은 존재하지만, 높은 비용이 걸림돌이 되고 있다. 언젠가는 저렴한 비용으로도 정확한 데이터를 얻는 날이 반드시 올 것이다. 인공지능 기술의 발전이 이러한 문제를 해결해 줄 것으로 믿는다.

2020년 6월 현재, 임도 신설 측량에서 오차를 없애기 위해 정밀 측량을 진행하는 것은 경제성을 고려했을 때 비효율적이라는 결론에 이르게 된다.

임도측량은 측량이 아니다

안건번호	법제처-05-0043	요청기관		산림청	회신일자	2005. 11. 7
안건명	산림법시행규칙별표2의2(임도의설계및시설기준)관련					

· 질의요지
「산림법 시행규칙 별표 2의2」(임도의 설계 및 시설기준 등)의 규정에 의한 측량이 「측량법」에 의한 측량에 해당되는지 여부

· 회답
「산림법 시행규칙 별표 2의2」(임도의 설계 및 시설기준 등)의 임도설계를 위한 측량은 「측량법」및 「동법 시행령」, 「공공측량 및 일반측량에서 제외되는 측량의 지정」(건설교통부고시 제2004-362호)과 「산림법령」을 종합적으로 검토하여 볼 때, 「측량법」의 규율을 받아야 하는 측량은 아니라고 할 것입니다.

사진 38

2005년 11월 17일, 법제처는 임도측량과 관련된 질의에 대해 회신한 바 있다. 2000년 이전까지는 산림과 관련된 법령은 「산림법」 하나로 이루어져 있었으나(산림조합법, 사방사업법 제외), 이후 산림법이 분법화되면서 2020년 7월 기준으로 약 20개의 산림 관련 법령이 만들어졌다. 이로 인해 산림업의 영역이 더욱 세분화되고 다양해졌다.

임도측량은 숲속에서 이루어진다. 숲이 울창한 지역에서는 정밀 측량을 수행하기 어렵고, 시간과 비용이 많이 든다. 그러나 현재의 발주 관행에서는 측량비용이 별도로 책정되지 않는다. 이러한 이유로

임도측량은 주로 간이측량으로 시행한다. 이로 인해 오차가 발생하는 것은 어찌 보면 당연한 일이다.

임도측량은 측량법에서 정의하는 측량이 아니다. 이는 설계서 작성을 위한 현장 조사 과정에 불과하며, 설계상의 금액 산출을 위한 기초 단계로서 수량 산출에 중점을 둔다. 따라서 오차가 발생하는 것은 어찌 보면 필연적이다.

용역사가 납품한 임도 도면에 오차가 있다고 해서 이를 설계자의 잘못으로 단정지을 수 없다. 발주처에서 도면의 오차를 수정하라는 요구는, 경우에 따라 '갑'의 횡포로도 볼 수 있다. 물론 도면에 큰 오류가 있다면, 이는 용역사의 설계 능력과 자질을 검토해야 할 사안이다.

임도 신설 설계 용역에서 오차 없이 완벽한 설계 도면을 작성하는 업체는 거의 없다고 봐야 한다. 오차는 불가피하며, 중요한 것은 오차의 정도와 그로 인한 영향을 최소화하는 설계자의 노력일 것이다.

임도측량,
쉽지 않다

"기술사님, ☆☆ 임도 현장 한 번 봐주세요. 임도노선중심선이 절벽으로 지나가도록 설계되어 있어요."

"우선 도면을 보내 주세요. 도상에서 노선 검토해 보겠습니다."

○○ 산림조합에서 시공 중인 ☆☆ 임도 신설 사업 현장대리인이 한 달여 전에 연락을 받았다.

그 후, ☆☆ 임도 현장을 답사하게 되었다.

답사에 앞서, 절벽 구간과 횡단 경사가 급해 산림 훼손이 우려되는 구간을 도상에서 우회 가능한 노선으로 재선정하였다. 답사 중에는 새로 제안한 변경 노선을 검토함과 동시에, 기존 설계된 횡단 사면이 급한 구간도 직접 확인하였다.

당초 설계자는 임도설계 경력이 꽤 많은 경험자이다.

'왜 이렇게 노선을 선정했을까?'

혼자 생각해 본다.

'임도측량 후에 재측량하기란 결코 쉬운 일이 아니다. 나 역시도 사소한 실수는 그냥 무시하고 넘어가는 경우가 있다. 노선 선정에 큰 오류가 없거나, 시공에 크게 영향을 미치지 않는다면 굳이 재측량하지 않는다.

그러나, 측량된 임도노선으로 시공이 이루어졌을 때 그것이 기술

자의 오점으로 남을 상황이라면 이야기가 다르다. 이때는 재측량을 감행한다. 기술자의 자존심과 사명감으로.'

기존 설계된 횡단 사면이 급한 구간은 시공이 가능하다. 하지만 산림 훼손이 너무 심각하다. 대략 250m 구간은 횡단 기울기가 80~100%에 달하며, 암반이 존재하는 구간이다.

이 구간에 임도를 개설하면 성토 하부에서 산림 훼손이 불가피하다. 표토와 토사층의 깊이가 얕은 점을 고려할 때, 이곳은 암반으로 형성된 지역이라 볼 수 있다. 암반이 아니면 이러한 급한 횡단 사면이 유지될 수 없다.

현장 답사를 마친 후, 변경 노선에서는 두 필지 지주의 동의가 필요했다. 해당 필지가 새로 편입되는 지번이기 때문이다. 다행히 새로

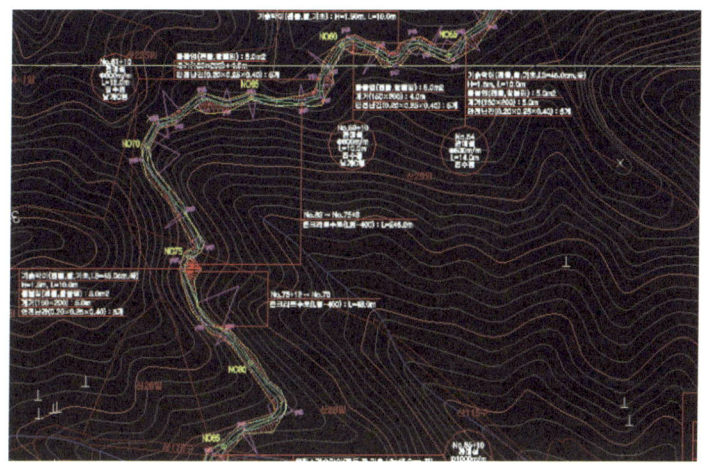

도면 24 당초 설계 노선(안)

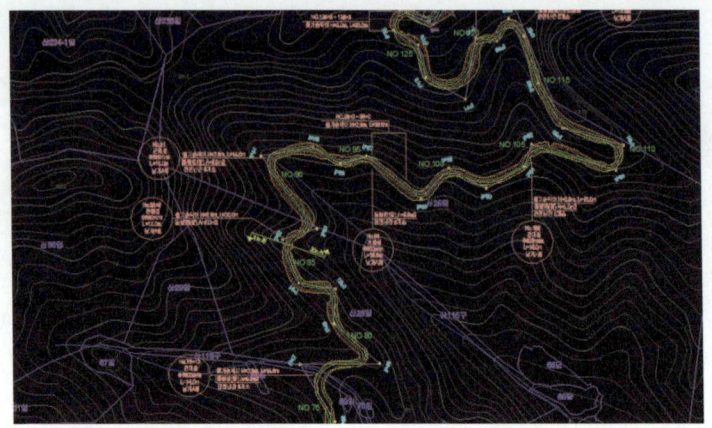

도면 25 변경 노선 설계(안)

 편입되는 필지의 동의서가 징구되었다는 연락을 받고, 지난주(2020년 8월) 변경 노선(안)으로 현장 측량을 진행했다.
 역시 여름철 측량은 힘이 든다. 더운 날씨에 땀이 줄줄 흐른다. 모기와 벌레들이 달려들어 체력이 금방 소진되었다.

사진 39

1/5000 지형도는 현장 지형과 100% 일치하지 않는다. 도상에서 그린 노선(안)을 바탕으로 측량을 진행하지만, 1/5000 지형도의 등고선 간격은 현장의 실제 지형과 정확히 맞지 않는 경우가 많다. 등고선 간격이 넓으면 횡단 경사가 완만하고, 간격이 좁으면 횡단 사면이 급하다는 점을 염두에 두어야 한다.

변경 노선(안)을 횡단 사면이 완만한 구간으로 선정해 측량했지만, 도상에서는 드러나지 않았던 노출암반 지역이 측량 중에 나타났다. 측량을 잠시 중단한 후, 해당 지역을 둘러보고 수정 노선을 구상했다. 임도 규정(산림기반시설 기준)에 어긋나지 않도록 종단물매를 급히 조정하며 임도측량을 마쳤다.

임도측량은 역시 쉽지 않음을 다시 한번 실감했다.

임도 신설의 경우, 반드시 기본 설계를 거쳐 실시설계를 진행하도록 법제화해야 할 것이다. 기본 설계 단계에서 여러 가지 노선(안)을 수립한 후, 최적의 노선을 선정해 실시설계에 반영하는 과정이 필요하다.

임도설계도면 오차의 허용범위는?

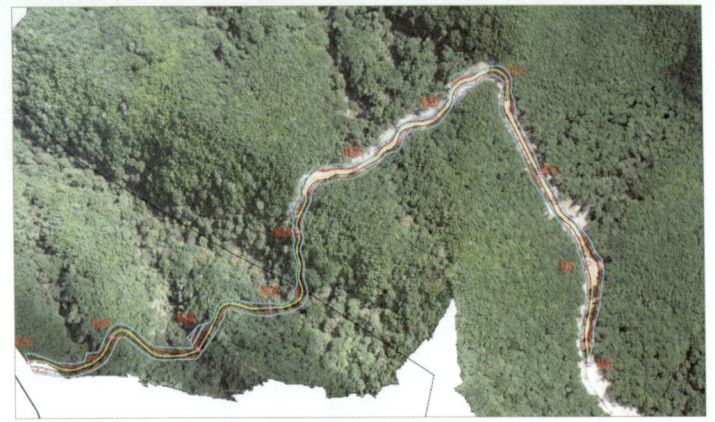

사진 40

사진 40은 2024년 5월경 설계되어 2024년 9월 25일 현재 시공 중인 ○○ 임도의 모습이다. 이 임도는 A업체에서 라이다(LiDAR) 측량 데이터를 바탕으로 설계한 것이다. 진솔산림기술사사무소가 설계한 임도는 아니지만, 임도노선 계획 단계에서 약간의 자문을 제공했다.

사진 40에서 확인할 수 있듯이, 약 600m 구간의 가도 개설(굴진 작업)이 이루어졌다. 당초 설계 도면과 현장의 시공 상태가 100% 일치한다고 단정할 수는 없지만, 대체로 설계된 노선을 따라 작업이 진행되고 있음을 알 수 있다.

사진 41은 2024년 9월 25일에 촬영한 정사사진이다. 현재 진솔산림기술사사무소가 감리용역을 수행 중인 임도의 모습을 담고 있다. 이 임도는 경북 관내에서 임도설계 용역을 다수 수행한 B업체가 설계한 것이다. B업체는 크로노메터와 콤파스를 사용한 간이측량 데이터를 바탕으로 설계 작업을 진행했다.

감리용역 시작 후 설계 검토보고서에 [산림관리기반시설의 설계 및 시설기준]을 충족하지 않는 점을 지적했다. 특히, 평면중심선의 곡선반지름이 최소 기준에 미치지 못하는 구간이 있었다.

시공하는 과정에서 능선부와 계곡부에서는 설계된 평면중심선보다 안쪽으로 시공이 이루어졌다. 사진에서도 확인할 수 있듯, 측점 52번 계곡부에서 설계선을 많이 벗어나 시공된 모습을 확인할 수 있다.

사진 41

설계자가 변명한다.

"당초 현장에 표기된 측설 중심선을 따라 시공되지 않아 임도 길이가 짧아졌습니다."

그 말이 사실이기는 하다. 실제로, 현장에 표기된 측점대로 시공되지 않고 곡선부 안쪽으로 평면중심선이 이동되면서 길이가 짧아진 점은 맞다. 하지만 설계자의 의도대로 측점에 따라 시공했다면, 곡선반경이 8m 정도로 제한되어 대형 차량의 통행에 어려움이 생겼을 것이다. 이는 [산림관리기반시설의 설계 및 시설기준]에도 크게 벗어나는 결과다.

B업체가 수행한 간이측량으로 작성한 임도 도면은 부분적으로 시공 현장을 일치시킬 수 있으나, 전체 거리를 따지고 보면 오차가 많이 있다는 사실을 알 수 있다.

B업체가 간이측량을 통해 작성한 임도 도면은 일부 구간에서 시공 현장과 일치할 수 있으나, 전체적으로 보면 오차가 크다는 사실을 부인할 수 없다. 그러나 B업체는 이러한 오차를 인정하지 않고 있다.

"측량 시 수평거리를 경사거리로 착각하여 오차가 발생했습니다." 등의 변명을 늘어놓는가 하면, "라이다 측량자료 데이터를 어떻게 신뢰할 수 있느냐?"라는 식으로 또 다른 이유를 들고 있다.

다른 설계자도 나름의 변명을 내놓는다.

"평면중심선의 곡선반지름을 임도 설치 기준에 맞추어 곡선을 설계하면, 공사비가 증가하고 노선 거리가 줄어들어 산림청에서 정한 시공 단비를 초과하게 됩니다."

'임도 설치 기준은 산림자원법 시행규칙에 명확히 규정되어 있다. 그렇다면, 법을 위반하고 대형 차량 통행이 어려운 임도가 개설되어도 괜찮다는 말인가?' 되묻고 싶다.

현재도 많은 임도설계 용역업체가 간이측량으로 임도설계를 작성하고 있다. 물론 산악지형에서 측량이 어렵다는 점은 인정할 수 있다. 그러나, 오차의 발생 역시 일정 수준을 넘어서는 안 된다. 문제는 지금까지 임도 규정에서 오차 허용범위에 대한 명확한 기준이 없다는 점이다.

예를 들어, 노선 길이가 1.0km로 설계된 도면이 시공 결과 0.9km로 나타났다면, 이를 오차 범위 안에 있다고 볼 수 있을까? 설령 계곡부나 능선부와 같은 곡선 구간에서 중심선이 안쪽으로 이동했다고 해도, 기준 없는 오차를 계속 용인하는 것이 과연 타당한 일인가?

중심선측량과
영선측량

며칠 전 국유림임도 현장을 다녀왔다. 해당 노선은 최근 착공된 임도공사 구간으로, 한 노선을 진솔산림기술사사무소와 타 업체(H사)가 각각 나누어 설계했다.

하나의 노선을 두 업체가 나눠 설계하다 보니 약간의 문제가 발생했다. 이를 해결하기 위해 발주처, 시공사 현장대리인, 감리원, 진솔산림기술사사무소 설계자, 그리고 다른 설계 용역사(C사) 설계자가 한자리에 모여 토론의 시간을 가졌다.

진솔산림기술사사무소에서는 먼저 선행 측량을 진행한 뒤, 임도 종점부의 XYZ 값을 H사에 제공했다. H사는 이를 기반으로 설계를

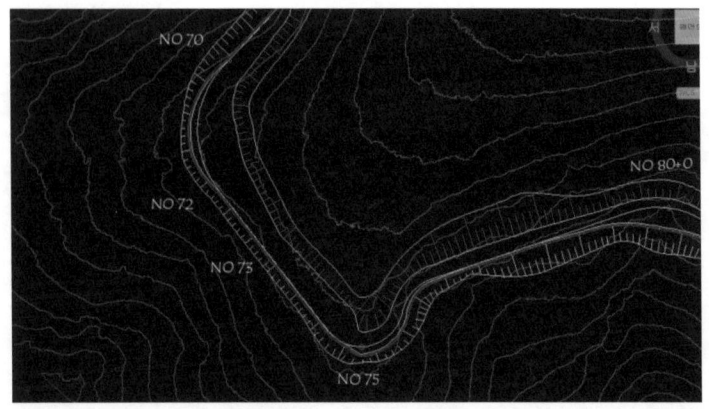

도면 26

이어갔어야 했지만, C사는 종점부와 연결하려는 과정에서 임도 개설이 어려운 절벽 구간을 무리하게 통과하는 노선을 선정했다. 이에 대해 시공사 현장대리인은 해당 구간은 도저히 시공할 수 없다고 판단했고, 이 문제가 논의의 계기가 되었다.

도면 26에서 측점 70~79까지의 평면중심선이 노면의 중앙에 있지 않고 한쪽으로 치우친 것을 확인하고 깜짝 놀랐다. 이는 명백히 잘못된 설계 도면이다. 더구나 C사의 횡단도에서는 각 측점의 측량 중심점이 횡단 노폭의 중앙에 있지 않았다. 어떤 측점은 좌측으로, 또 다른 측점은 우측으로 이동해 있었다. 이는 종단기울기를 잘못 계획했기 때문에 횡단도 상에서 과도한 성토나 절취가 발생하는 것을 방지하려고 중심점을 임의로 조정한 결과로 보인다. 결국, 이는 임도설계 자체가 제대로 이루어지지 않았음을 의미한다.

H사 설계자는 "임도의 중심선은 현장 조건에 따라 이동할 수 있다."고 주장했다.

곧바로 반박했다.

"도로의 중심점은 직선 구간에서는 노폭의 중간이 되는 점입니다. 이는 도로공학에서 명확히 정의한 기본 원칙입니다. 그런데 왜 마음대로 변경하는 겁니까? 이 정의는 누구도 임의로 바꿀 수 없는 약속입니다."

그들의 어처구니없는 이론을 듣고 있으니, 화가 치밀었다. 임도의 기초적인 지식조차 무시하고 설계가 이루어진다는 사실이 안타

까웠다.

도로의 중심점은 일반 도로와 마찬가지로 임도에서도 중심선측량을 통해 설정해야 한다고 산림기반시설기준에서 규정하고 있다. 다만, 일부 대학교재의 임도공학에서는 영선측량에 대한 이론이 언급되어 있기도 하다.

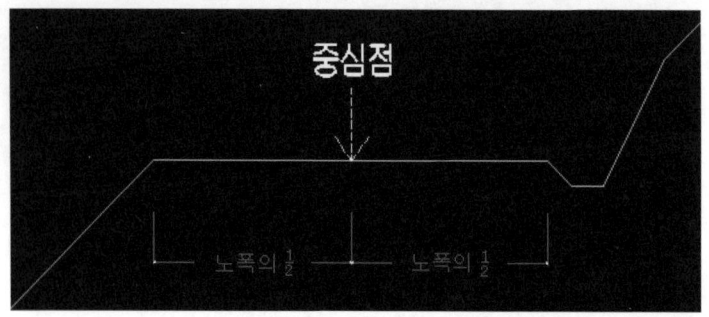

도면 27

중심선은 각 측점의 중심점을 연결하는 선이다. 중심선측량은 각 측점에서 노폭의 정확한 중간점(중심점)을 기준으로 하여 평면도, 종단도, 횡단도를 측량하는 것이다.

영선측량에서 영선은 각 측점 영점의 연결선을 말한다. 도면 28에서 보듯이, 영점은 원지반선과 도로 노면이 만나는 점을 의미한다. 중심점이 도로 노폭의 정확한 중간에 위치하는 것과 달리, 영점은 도로 노폭의 좌·우측에 어디에든 위치할 수 있다.

특히 순성토 구간에서는 영점이 아예 존재하지 않을 수도 있다. 영선측량을 활용하면 종단 측량을 비교적 쉽게 수행할 수 있지만,

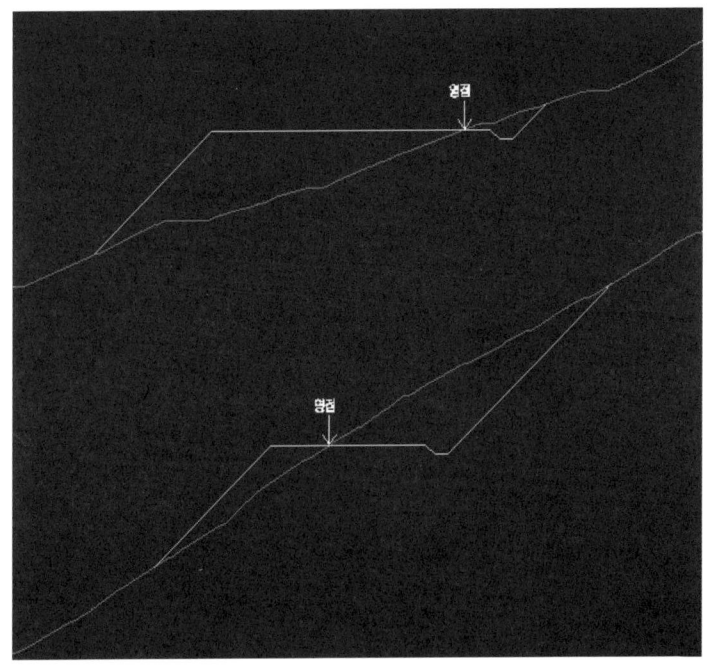

도면 28

평면중심선형을 정확하게 작성하는 데는 번거로움이 따른다.

실제로 영선측량은 임도공학 교재에서 이론적으로만 언급되며, 실무에서 영선측량을 기반으로 임도설계를 수행하는 사례는 아직 접하지 못했다.

『임도설계 따라가기』, 질문에 답하다

지난달(2020년 9월), 오점곤 산림기술사께서 30년간의 현장 경험을 바탕으로 한 임도설계 노하우를 담은 책 『임도설계 따라가기』를 발간하였다. 한국산림기술사협회 소속 회원 기술사들에게는 한 권씩 무료로 나누어 주었다. 그런데, 협회 회원 중 한 분인 ○○ 기술사가 책을 읽고 난 후, 몇 가지 의문점을 정리해 전 회원들에게 메일로 보냈다. 해당 메일을 보고 나 역시 이에 대한 의견을 생각해 보게 되었다.

[임도설계에 대한 의문]

임도 기술 발전을 위해 집필된 책 『임도설계 따라가기(오점곤 기술사)』를 읽으며, 임업 기술 발전을 위한 기술사님의 노고에 깊이 감사드립니다. 책을 읽는 과정에서 몇 가지 궁금한 점이 생겨 공개적으로 질문드리고자 합니다.

1. 중심선측량법(center-line method)와 영선측량법(zero-line method)을 논하면서 표현된 그림(그림 13 및 그림 14)은 중심선측량과

영선측량을 제대로 표현하지 못한 것으로 판단됩니다.

현재 실무에서 쓰이고 있는 측량법은 중심선법으로, 이를 중심으로 종단 선형을 계획한 뒤 노면의 높낮이를 결정하고 토량을 산정하는 방식입니다.

2. 응용 중심선법

『임도설계 따라가기』(p.26, p.27) 책자 내용을 검토한 결과, 응용 중심선법은 155도 이상의 교각일 경우 직선으로 구분하여 곡선반경을 설치하지 않는다는 기술 이론을 이용하여, 가급적 155도 이내의 노선 측량을 통해 노선 거리의 오차를 최소화시키려고 하였습니다.

그러나 산림 측량에서는 최대한 직선화한 측점 설정을 하여야 하는 응용 중심선법을 적용하는 것이 무리이고, 소계곡부 및 소능선부에서 노선 거리의 오차 최소화 및 <오솔길>의 도면 제도를 효과적으로 하기 위해 측량을 할 경우, 딜레마에 봉착하게 됩니다.

또한, p.27 '다) 평면선형의 중심선 이동에 대한 오차 검토'에서 '응용 중심선법으로 평면 곡선을 설치하면, 현장에서 측량한 측점과 곡선상의 측점이 정확히 일치하지 않는 오차'라고 기재되어 있는데, 이러한 오차를 줄이기 위해 현장 측량 설치 - 설계도 작성(곡선 설치) - 곡선부 좌표 현장 확인의 절차를 거쳐 설계의 정확도를 기해야 함에도 불구하고 설계를 위한 설계의 한계를 적나라하게 드러내고 있습니다.

(중략)

> 몇 년 전, 풍력발전기 설치 구역 산지 복구 감리를 맡아 수행할 때, 현장과 도면이 달라 검토해 보니 지형도를 이용 종횡단도를 작성한 것을 확인하여 현장 실측 및 설계도 재작성을 요구하여 감리 업무를 수행한 바가 있습니다.
> 지금 이 상황에서 현장에 설치되지 않고 도면에만 설치되는 곡선부의 논리에 억지로 이해해야 한다면, 제 경험상 지형도를 이용한 노선 설치 및 종·횡단도 작성의 논리도 부정할 수는 없을 것입니다. 임업 기술의 발전은 현장을 중심으로 진행되어야 합니다. IT 기술이 임업 기술 발전의 선도가 될 수는 없습니다.

위의 질문에 대한 답변을 다음과 같이 정리해 본다.

첫 번째 질문: 영선측량법에 대하여

고속도로나 일반 국도에서는 대부분 중심선측량을 적용하고 있다. 임도측량 또한 중심선측량법을 적용하도록 산림기반시설기준에서 규정하고 있다. 반면, 영점을 연결하는 영선측량법은 임도공학 교재에서만 언급될 뿐이다. 대학에서 측량학을 배울 때조차 영선측량법에 대한 내용을 접한 적이 없다.

영점은 도로 개설 전의 원지반선과 도로 개설 후 노면이 만나는 지점을 의미한다. 영선측량은 굴곡이 많은 산악지형에서 적용하기가 어려운 실정이다. 다만, 개인적인 경험에 비추어 볼 때, 산지 경사가 대체로 급하고(횡단 경사 60% 이상) 평면상 직선 구간에서는 부분적으로 적용이 가능할 수도 있다. 『임도설계 따라가기』에서는 영선측량이 횡단 경사가 완만하고 일정한 경사를 가진 산지에서 사용할 수 있다고 기록되어 있다.

산지의 횡단 경사가 급하거나 완만한 것은 영선측량의 적용 여부에 있어 크게 중요한 요소가 아니다. 중요한 것은 산지 경사가 일정하게 유지되는 구간이며, 계곡부나 능선부가 없는 지역에서 영선측량을 부분적으로 시행하는 것은 가능할 것이다. 그러나 우리나라의 산지는 능선과 계곡이 복잡하게 분포되어 있어, 전 구간에 걸쳐 영선측량을 적용하는 것은 현실적으로 어려울 것이다.

참고로 중심선측량은 평면선형을 우선하며, 영선측량은 종단 선형을 우선하는 측량 방식이다. 현재 임도설계를 수행하는 모든 업체가 중심선측량법을 사용하고 있다고 본다. [산림관리기반시설의 설계 및 시설기준]에서도 중심선측량법에 대해 명확히 언급하고 있다. 『임도설계 따라가기』에서는 중심선측량을 설명하기 위해 영선측량과의 비교를 언급한 것으로 보인다. ○○ 기술사의 첫 번째 질문의 의도가 정확히 무엇인지 모르겠다. 내가 문외한이라서 그런 것일까.

두 번째 질문: 응용 중심선법에 대하여

[산림관리기반시설의 설계 및 시설기준]에 따르면, 내각이 155도 이상일 경우 평면 곡선을 설치하지 않을 수 있도록 규정하고 있다. 위 질문에서는 '내각'을 '교각'으로 잘못 표기한 것으로 보인다.

내각과 교각의 합은 180도이다. 내각이 155도일 경우, 교각은 25

도가 된다. 내각이 155도 이상이라도 곡선을 설치하는 것은 가능하다. 규정에서 '곡선 설치를 아니 할 수 있다'는 표현은 곡선 설치가 선택사항임을 의미하며, 반드시 설치해야 한다는 강제조항이 아님을 뜻한다.

응용 중심선법이라는 용어는 『임도설계 따라가기』에서 처음 접한 개념이다. 해당 책(p.25)에서는 "수목이 생립한 상태이고 시준의 장애로 인하여 교각점(IP)을 설정한 후 중심선측량법을 시행하기가 매우 어렵기에 가상의 교각점을 설치하여 응용 중심선법을 적용하고 있다."고 설명하고 있다.

임도측량에서는 교각점을 선정한 후 중심점을 찾아 측량하는 방식이 비효율적일 수 있다. 임도는 상대적으로 설계 속도가 낮기 때문에, 고속도로와 달리 일정 범위의 오차가 허용될 수 있다. 이는 임도의 경제성과 시공 효율성을 고려한 접근 방식이다.

고속도로는 차량의 고속 주행을 위해 정밀한 측량과 엄격한 오차 관리가 필수적이지만, 임도의 경우 이러한 정밀성이 절대적으로 요구되지는 않는다. 따라서 임도설계에서는 현실적인 측면을 반영하여 내각이 155도 이상일 때 곡선 설치를 선택사항으로 두고 있다. 이러한 규정은 임도의 기능적 특성과 경제성을 고려한 합리적인 조치로 해석할 수 있다.

임도설계도면을 현장과 오차 없이 작성하려면, 어떻게 해야 할까? 현장 조사를 두 번 실시하는 방법이 효과적이다. 첫 번째 현장 조사에서는 기존 방식대로 임도측량을 수행하고, 내업 과정에서 응용 중심선법을 활용해 도상에서 가상의 IP(교각점)를 설정한 후 각

IP별 곡선 설치를 진행한다. 이 과정에서 측점별 좌푯값을 정확히 취득하여 두 번째 현장에 나가 다시 표기함으로써 도면과 현장의 불일치를 최소화할 수 있다.

임도측량에서 각 측점별 평면선형의 좌푯값도 중요하지만, 더욱 중요한 요소는 각 측점의 종단 지반고이다. 도로의 기능상 종단기울기(종단물매)가 곡선반지름보다 차량 통행에 더욱 직접적인 영향을 미치기 때문이다. 따라서 임도측량 시 종단 지반고의 정확한 측정에 더욱 신경 써야 한다. 물론, 평면선형의 정밀도 또한 간과해서는 안 되며, 두 요소가 조화를 이루어야 최적의 임도설계가 가능할 것이다.

위의 질문에서 언급된 '지형도를 이용하여 종횡단도를 작성했다'라는 내용은, 일반 토목설계에서 산림 내 임도측량에 대한 경험과 지식이 부족한 경우, 현장 측량 없이 지형도만을 기반으로 설계 도면을 작성했음을 의미한다. 이는 곧, 임도측량이 얼마나 어려운 작업인지 단적으로 보여주는 사례라 할 수 있다.

임도측량 오차를
줄일 수 있다

　　임도측량은 산지에서 이루어지기 때문에 측량 오차를 완전히 극복하기 어려운 현실이다. 특히, 측점별 지반고 측정에 많은 어려움이 따른다.
　　산지에는 수목이 밀집해 있어 측점 간 시준이 어렵고, 수고가 낮은 잡목이 우거진 지역에서는 하층 식생과 함께 제거 작업이 필요하다. 이러한 제거 작업은 많은 시간과 노력이 요구된다.
　　특히, 조밀한 숲에서는 인력으로 접근하기도 쉽지 않으며, 이러한 환경적 제약으로 인해 종단측량 시 간이 측정을 할 수밖에 없는 경우가 많다. 직선거리 측정 자체가 어렵고, 시준이 제대로 이루어지지 않아 측량 오차가 발생할 가능성이 크다.

　　경험상, 간이측량을 시행하더라도 시준이 양호한 조건에서 거리 측정과 고저 측량을 신중하게 수행하면 큰 오차는 발생하지 않는다. 물론 약간의 오차는 발생하나, 이는 구간별로 부분적인 보정을 통해 충분히 줄일 수 있다.
　　2019년의 일이다. 협력업체가 낙찰받은 임도설계용역의 현장조사(측량)과 도면 작업을 도와주었다. 측량 당시 잡목이 우거진 구간에서는 예상대로 종단값의 오차가 크게 발생했다. 결국 시공자로부터 설계 도면이 엉터리라는 비난을 받았다.

그에 대한 도의적 책임으로 올여름, 해당 현장을 서너 차례 방문하여 가도 개설 후 시공 측량을 진행했다. 법적으로 큰 잘못은 없었지만, 기술자로서의 자존심이 상했던 것은 사실이다. 그럼에도 불구하고, 도의적 책임감으로 시공 측량을 해 준 것이다.

그 사건 이후로 임도 종단측량의 정확성에 대해 깊이 고민해 왔다. 마침 동료 직원이 GPS에 많은 관심을 가지고 있어 RTK(Real-Time Kinematic) GPS 시스템을 구축했다. 이를 활용해 임도측량을 처음 시도해 본 결과, 수림이 우거진 산악지에서도 측량 오차를 최소화할 수 있다는 사실을 확인할 수 있었다.

도면 29

2020년 10월 5일, RTK를 이용해 0.9km 구간의 임도 신설 측량을 실시하였다. 측량 결과, 산 지형의 굴곡보다 입목 수고가 높은 경우 신호 수신이 방해받아 Z값 측정에 어려움이 있었다. 그러나 X, Y 값은 비교적 안정적으로 FIX 상태를 유지하였다.

도면 29에서 연두색 구간의 측점은 X, Y, Z값이 정상적으로 FIX 되었으나, 흰색 구간에서는 Z값이 FIX 되지 않는 문제가 발생했다. FIX 되지 않은 Z값은 간이측량을 통해 얻은 데이터를 활용해 오차를 보정하면 큰 문제 없이 보완할 수 있다. 다만, 흰색 구간이 장거리일 경우에는 정확도 저하로 인해 시공 시 문제가 발생할 수 있어 주의가 필요하다.

앞으로 무너진 진솔산림기술사사무소의 명예를 다시 회복하기 위해 더욱 분발해야 할 것이다.

험준한 산지에서의 임도측량은?

지난주(2022년 3월 4일), 경북 봉화군 국유림에서 임도측량(조사)을 수행했다. 전체 1.8km 구간 중 시점부부터 0.4km까지는 횡단 사면이 비교적 완만했으나, 이후 구간은 횡단 경사가 70%~100%에 이르는 가파른 사면으로 이루어져 있었다. 일부 구간에서는 암반이 노출된 절벽도 확인되었다.

기존의 임도측량 방식은 1/5000 지형도를 기반으로 지형을 분석한 후 노선을 선정하는 방식이었다. 그러나 이번에는 측량에 앞서 타당성 평가 노선 주변을 라이다(LiDAR)로 지형 측량을 시행했다. 라이다 측량을 통해 생성된 DEM(Digital Elevation Model)파일은 오차 범위가 10cm 이내로 정밀한 지형도를 제공하였으며, 이를 기반으로 최적의 임도노선을 선정할 수 있었다.

만약 이번 측량에서 라이다 측량을 통한 DEM 파일이 없었다면, 아마 상당한 어려움을 겪었을 것이다. 특히 암반이 노출된 절벽 구간이 여러 곳에 분포해 있었기 때문이다.

1/5000 지형도에서는 절벽 구간을 정확히 파악하기 어렵다. 이 지형도는 등고선의 높이 차이가 5m 단위로 표현되기 때문에, 급격한 지형 변화가 있는 구간에서는 세밀한 분석이 불가능하다.

1/5000 지형도의 제작 과정은 위성사진을 기반으로 지형을 추출

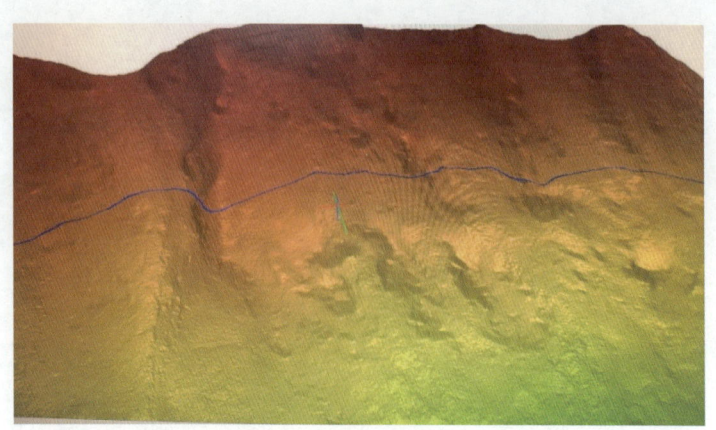

사진 42

하는 방식이다. 그러나 산림 지역에서는 조밀한 수목으로 인해 원지반의 정확한 높낮이를 파악하는 데 한계가 있다. 특히, 입목의 수고가 높은 경우 지형 추출 과정에서 상당한 오차가 발생할 수 있다.

따라서 이러한 지형도의 한계를 보완하기 위해서는 라이다 측량과 같은 정밀한 기술을 병행하여 활용하는 것이 필요하다. 라이다 측량은 3D 입체적으로 지형을 스캔하여, 수목을 제거한 원지형을 그대로 재현할 수 있다. 오차 범위는 약 10cm 정도이다.

이번 측량에서는 원지형을 그대로 추출한 DEM 파일을 이용해 등고선 간격 1m의 1/1000 지형도를 인쇄한 후, 이를 기반으로 임도 노선을 선정하였다. 등고선 간격을 10cm로 설정한 1/100 지형도도 인쇄할 수 있으나, 이 경우 방대한 분량을 인쇄하는 번거로움이 따른다.

1/5000 지형도를 한 장으로 인쇄할 수 있는 구역을 기준으로 하면,

같은 구역을 1/1000 지형도로 인쇄하면 약 5장이 필요하고, 1/100 지형도로 인쇄할 경우에는 약 50장이 필요하게 된다.

이번 임도측량에서는 1/1000 지형도를 활용하여 절벽(암반 노출) 구간을 사전에 파악하고, 해당 구간을 우회하는 임도노선을 선정하였다.

만일 절벽 구간이 표시되지 않은 1/5000 지형도를 사용하여 현장측량을 진행했다면, 측량 과정 중 절벽을 만나게 되고, 그에 따른 노선 수정과 재측량이 불가피했을 것이다. 이 경우, 절벽을 회피하기 위해 여러 번 노선을 조정해야 하며, 예상치 못한 지형적 장애물로 인해 작업의 효율성이 크게 떨어지게 된다.

특히, 절벽 구간을 미처 파악하지 못한 상태에서 측량을 진행하면, 반복적인 노선 수정과 재측량으로 온 산을 헤매며 작업해야 하는

도면 30

상황이 발생할 수 있다. 이러한 방식으로 작업을 진행할 경우, 최소 3일 이상의 추가 시간이 소요될 것으로 예상한다.

횡단 경사가 완만한 지형에서는 묘지나 절벽 구간이 나타나더라도 임도노선 수정을 쉽게 할 수 있다. 이러한 지형에서는 배향(헤어핀)곡선을 계획하거나 종단물매를 다소 급하게 조정함으로써, 현장 측량 중에도 신속한 노선 변경이 가능하다.

그러나 횡단 경사가 급한 지형에서는 배향곡선 설치가 현실적으로 불가능하다. 종단물매를 급하게 조정하더라도, 완만한 지형과 달리 수평 투영거리(평면도상 거리)의 이격이 크게 벌어지지 않기 때문이다. 이러한 지형적 한계를 극복하기 위해서는 임도측량 시 라이다 측량을 선행하고, 이를 통해 추출된 정밀한 지형도를 분석한 후에 임도노선을 선정하는 과정이 필수적이다.

진솔산림기술사사무소는 이러한 선진적인 접근 방식을 도입함으로써, 타 업체보다 앞서 나가는 임도측량 및 설계를 수행하고 있다. 이를 통해 임도 개설의 정확성과 효율성을 극대화하며, 산림자원의 지속 가능한 활용을 위한 최적의 솔루션을 제공하고 있다는 자부심을 가져본다.

임도설계 시 현장 답사는 필수이다

고속도로의 종단기울기는 5% 이하이다. 평면 곡선의 최소반지름은 대략 100m로 설정된다. 최근에 개설되는 고속도로는 평면중심선형이 완만하여 급한 곡선이 거의 없다. 이는 곡선반경이 크다는 의미이며, 곡선반경이 클수록 차량이 고속으로 주행해도 안전성을 유지할 수 있다. 반면 곡선반경이 작을수록 원심력의 영향으로 인해 차량 전복 위험이 높아진다.

종단기울기, 즉 종단물매가 5% 이하라는 것은 오르막과 내리막이 완만하여 운전자에게 편의를 제공한다는 의미이다. 과거 개설된 2차선 88고속도로의 경우, 종단물매가 8%에 달하는 구간도 존재했었다.

하지만 최근 신설되는 고속도로는 용지보상비 절감을 위해 농지나 도심지를 피하고 산악지에 노선을 선정하는 경우가 많다. 이에 따라, 1970년대에 개설된 고속도로에 비해 교량과 터널이 많이 포함되며, 이로 인해 공사비가 상당히 증가하는 추세이다.

고속도로 설계는 상대적으로 지형 여건을 크게 고려하지 않고 노선을 선정할 수 있다. 노선 선정 시, 보상비가 적게 소요되는 산지를 우선적으로 고려하며, 종단물매를 5% 이내로 계획한다. 이후 절취고가 많으면 터널로, 성토고가 높으면 교량을 설치하는 방식으로 접근할 수 있다.

임도(산악도로)는 고속도로와 달리 공사비 제약이 크기 때문에, 노선 계획을 신중하게 수립하지 않으면 공사비가 과다하게 발생할 수 있다. 임도에서는 터널을 계획하지 않는다. 만일 터널이 포함된다면, 현재 기준인 km당 단비 2.1억 원으로는 공사비를 충당하기 어렵다.

따라서 임도노선 선정 시 산지 지형에 최대한 순응하도록 계획해야 한다. 최소곡선반지름 12m 이상을 확보하고, 능선부에서는 순절취(온전히 절개), 계곡부에서는 순성토 방식으로 설계하는 것이 원칙이다. 능선부와 계곡부에서 과도한 절취와 성토가 이루어질 경우, 산림 훼손이 심화되고 공사비 역시 크게 증가할 수 있다.

임도는 고속도로처럼 차량 속도를 높이기 위한 고급 도로가 아니다. 원지형을 최소한으로 훼손하는 절·성토 계획이 무엇보다 중요하다. 즉, 자연 지형에 순응하는 도로를 조성함으로써 환경적 영향을 최소화하고, 산림의 지속 가능한 활용을 도모해야 한다.

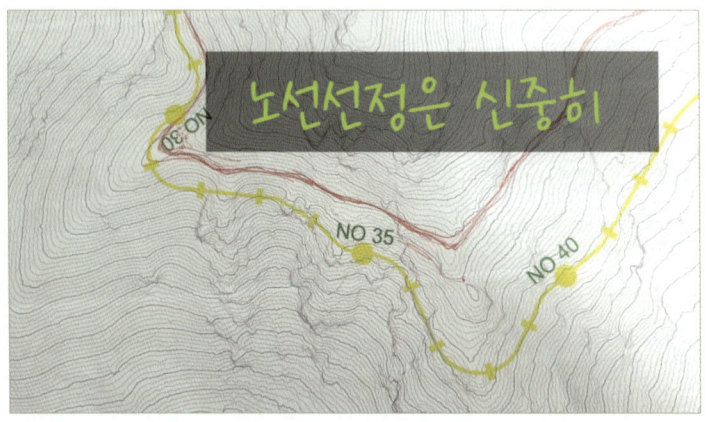

도면 31

지난주, ☆☆ 산림용역업체에서 설계한 임도 구간을 시공사 현장 대리인이 답사한 결과, 임도 개설이 불가능하다는 의견을 받았다.

☆☆ 산림용역업체는 최신 측량 장비인 라이다를 활용해 지형을 측량하는 업체로, 대한민국에서 최초로 라이다 측량을 도입한 곳이기도 하다. 이 기술을 통해 1/5000 지형도로는 파악할 수 없는 소계곡이나 절벽 구간까지 정확하게 파악할 수 있다. 이를 바탕으로 시공이 어려운 절벽 구간을 피해 최적의 임도노선을 계획할 수 있다.

그러나 ☆☆ 업체에서 계획한 임도노선을 살펴보니 기술적 완성도가 부족해 보인다. 도면 31은 라이다 측량을 통해 얻은 자료로, 등고선 간격 1m 단위로 작성된 지형도이다. 도면 31에서 노란색 노선은 ☆☆ 업체가 설계한 임도노선이며, 빨간색 노선은 시공이 가능하도록 절벽 구간을 최대한 피해 내가 새롭게 선정한 노선이다.

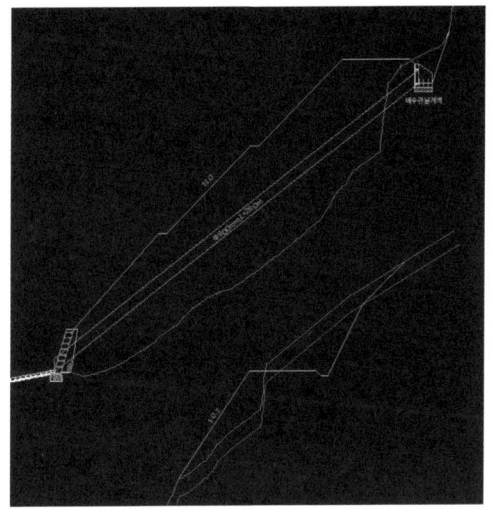

도면 32

도면 32는 이론적으로 작도가 가능하나, 실제 시공은 어렵다고 판단된다. 계획된 성토사면의 수직 높이는 15m에 이르며, 일부 측점에서는 성토사면 기울기를 1:0.7로 설정하였다. 그러나 1:0.7의 기울기는 돌붙임 공종이 아니고는 시공할 수 없다.

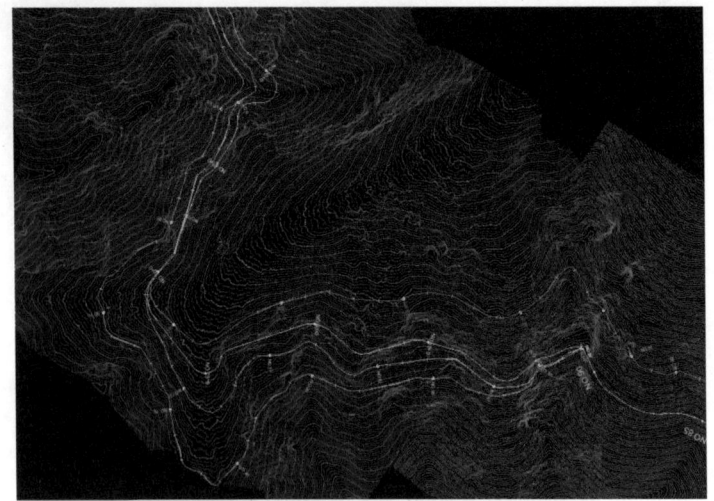

도면 33

도면 33에서도 노란색 선은 ☆☆업체에서 설계한 노선을 나타낸다. 이 도면은 라이다 측량을 기반으로 작성된 지형도로, 해당 지역은 매우 험준한 지형으로 분류된다. 그러나 지형이 험준하더라도 임도 개설이 상대적으로 용이한 구역을 선정해야 한다.

시공사의 요청으로 노란색 노선 외에도 분홍색, 연두색, 하늘색 등 세 가지 대체 노선을 제안해 보았다. 시공사 현장대리인은 기존 노선이 지형도만을 기반으로 계획되었을 가능성이 높다고 말했다.

아무리 초보 기술자가 임도설계를 했더라도 현장 확인을 거쳤다면 절벽 끝에 임도 중심선을 설정하는 실수는 하지 않았을 것이다. 고속도로 설계와 달리, 임도는 지형의 특성을 최대한 반영해야 하므로 현장 답사가 필수적이다. 고속도로의 경우 절·성토 높이에 상관없이 시공이 가능하지만, 임도는 지형에 따라 시공 가능 여부가 크게 달라지기 때문이다.

임도는 제한된 시공 단비와 산림 훼손 최소화를 고려하여 신중하게 계획해야 한다. 도상에서 선정한 임도 예정 노선은 현장 확인을 통해 암반 노출, 묘지 등의 장애물을 반드시 점검해야 한다. 고성능 측량 장비를 보유했다고 해서 임도설계 실력이 뛰어나다고 단정할 수 없다. 임도설계는 기본적인 지식과 풍부한 경험을 바탕으로 이루어져야 하며, 여기에 고성능 측량 장비가 더해질 때 비로소 신뢰할 수 있는 설계를 제공할 수 있다.

숲속에서도 오차 없이
정밀측량 할 수 있다

     1995년부터 임도설계를 시작한 이후, 줄자, 폴대, 콤파스, 클리노메타를 이용한 간이측량 방식이 주로 사용되었다. 콤파스를 활용해 각 측점의 방위각을 측정하고, 줄자로 수평거리를 확인한 후, 클리노메타로 기울기를 측정해 앞뒤 측점 간 높이 차이를 구하여 종단도를 작성했다. 횡단도는 폴대를 이용해 사면 기울기와 비탈 각도를 측정해 작성하였다. 그러나 이러한 간이측량 방식은 필연적으로 오차가 발생할 수밖에 없었으며, 특히 종단 측량에서의 정확도를 확보하는 데 어려움이 많았다.

  2년 전, 임도설계용역을 수행하면서 간이측량을 통해 설계 도면을 작성하여 성과품을 납품한 적이 있었다. 평면도는 비교적 정확하게 작성할 수 있었으나, 종단값(Z값)의 정확도 확보에는 어려움이 있었다. 설계 당시 종단기울기는 (-4)~(-5) %로 계획되었으나, 실제임도 개설 후 측정한 결과 (-5)~(-6) %로 나타났다. 한 측점(거리 20m)에서 1%의 오차가 발생하면 종단값에서 20cm의 차이가 발생하며, 수평거리가 500m일 경우 누적 오차는 종점부에서 최대 5m까지 커질 수 있다. 당시 종단값의 오차로 인해 시공사가 발주처에 항의하였고, 설계자에게도 벌점이 부과되었다. 측량비용을 받지도 않았음에도 불구하고 가혹한 조치였다.

임도측량은 숲속에서 이루어지기 때문에 정밀측량을 수행하려면 상당한 비용이 소요된다. 일반 개활지에서는 광파기 측량이 비교적 용이하지만, 나무가 우거진 숲속에서는 시야 확보를 위해 나무를 제거해야 하며, 비탈사면과 같은 지형적 특성으로 인해 작업의 위험도 또한 높아진다.

임도설계를 진행하면서 측량 오차를 최소화하는 방안에 대해 꾸준히 고민해 왔다. 오차를 줄이기 위한 방법으로 GNSS 기기를 두 대 활용한 측량을 시도한 적이 있다. 한 대는 임시 기지국으로 설정하고, 다른 한 대는 이동하면서 X, Y, Z값을 측정하는 방식이었다.

신호 수신이 원활하고 하늘을 가리는 장애물이 없는 개활지에서는 GNSS 기기 한 대로도 오차 없이 측정이 가능하다. 그러나 나무가 울창한 산속에서는 GNSS 신호 수신이 어려워 오차가 발생할 가능성이 크다. 이러한 문제를 보완하기 위해 보조 GNSS 기기를 임시 기지국으로 설정하고, RTK(Real-Time Kinematic) 측량을 실시한 결과, 비교적 정확한 X, Y, Z값을 얻을 수 있었다. 하지만 완벽하지는 않았다.

이제는 오차 없는 임도측량이 가능해졌다. 드론에 라이다(LiDAR)를 장착하여 촬영하면 산악지형을 정확한 3D 데이터로 재현할 수 있기 때문이다. 그러나 지금까지 라이다는 측량을 전문적으로 수행하는 일부 업체에서도 보급이 완전히 이루어지지 않은 실정이다.

사진 43

가성비가 뛰어난 중국산 제품이 최근 국내에 수입되기 시작했다. 진솔산림기술사사무소는 2021년 5월, 이 제품을 사전 주문하고 계약금까지 미리 지불하여 전국에서 가장 먼저 중국산 라이다를 도입한 셈이다.

그러나 라이다의 가격은 결코 만만치 않다. 라이다 장비 자체뿐만 아니라, 이를 장착할 드론, 추가적인 예비 배터리, 그리고 후처리를 위한 전용 소프트웨어까지 구입해야 하기 때문이다.

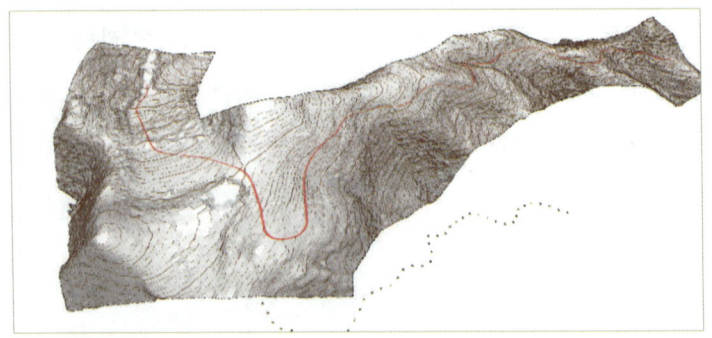

도면 34

도면 34는 2021년 10월 중순에 라이다(LiDAR)로 촬영한 자료를 기반으로 제작된 도면이다. 라이다를 활용하여 지형을 3D로 스캔한 데이터를 통해 원하는 방향의 지형과 나무 형상까지 정확하게 추출할 수 있음을 보여준다. 다만, 여름철 무성한 활엽수 수림대에서도 동일한 정밀도로 스캔이 가능한지 여부는 추가적인 시도가 필요하다.

라이다를 이용한 임도측량이 가능해졌다고 하더라도 현장 답사는 여전히 필수적이다. 암반 노출 여부, 분묘의 존재, 배수관 매설 여부 등을 직접 확인해야 하기 때문이다. 다만, 라이다 측량을 통해 지형 정보를 정밀하게 확보함으로써 현장 지형 측량의 필요성은 줄어들었다. 이를 통해 작업의 효율성을 높이고, 측량 오차를 최소화할 수 있을 것으로 기대된다.

그냥 고민하지 말고
임도측량 하세요

　　　　산림자원 조성 및 관리에 관한 법률에 따르면, 임도 개설 전에 반드시 타당성 평가를 받아야 한다. 사방사업의 경우, 국유림의 일부 노선은 한국치산기술협회에서 타당성 평가를 수행하고 있으며, 이 제도가 도입된 지 약 10년이 지났다.
　사방사업의 타당성 평가는 현재 상당히 체계화되어 있으며, 절차와 결과물의 정상적인 운영이 이루어지고 있다. 대상지의 90% 이상이 적합지로 평가되지만, 그럼에도 불구하고 사업 시행에 있어 평가 결과가 중요한 근거 자료로 활용된다.

　사방사업의 타당성 평가에 비해, 임도 타당성 평가는 여전히 형식적인 절차에 머물러 있는 실정이다. 2021년부터 한국치산기술협회가 일부 국유림 노선에 대해 타당성 평가를 수행하고 있으나, 임도 사업과 관련된 경험과 전문성이 부족하여 평가의 정확성과 신뢰성이 미흡한 상황이다.
　현재 민유임도와 국유임도의 대부분은 해당 부처에서 자체적으로 타당성 평가를 진행하고 있다. 전문 평가위원들은 현장 입구까지만 방문한 후, 예정 노선을 표기한 지형도를 바탕으로 임도 개설의 적합성을 판단하는 방식이다. 그러나 이러한 방식은 세부적인 지형 특성이나 잠재적 문제점을 충분히 반영하지 못하는 한계가 있다.

그 결과, 타당성 평가를 근거로 임도설계를 진행하려 할 때, 지형적 제약이나 시공의 현실성이 고려되지 않은 문제점들이 드러나곤 한다.

2024년도 임도 개설 설계 용역을 맡은 ○○임도노선에 대해, 발주처에서 제공한 1/5000 지형도를 검토한 결과 일부 문제점이 발견되었다. 이에 따라 진솔산림기술사사무소에서는 임도측량에 앞서 예정 노선과 주변 지역을 라이다(LiDAR) 기술을 활용하여 현황 측량을 시행할 계획이다.

라이다 측량은 숲속에서도 모든 지형과 사물을 3D 입체로 구현할 수 있어, 임도 대상지의 묘지, 절벽, 계곡 등의 요소를 사전에 정확하게 파악할 수 있다. 이를 통해 1/5000 지형도에서는 확인할 수 없는 지형적 제약 요소를 미리 분석하여, 보다 효율적이고 현실적인 임도노선을 선정하는 데 큰 도움이 된다.

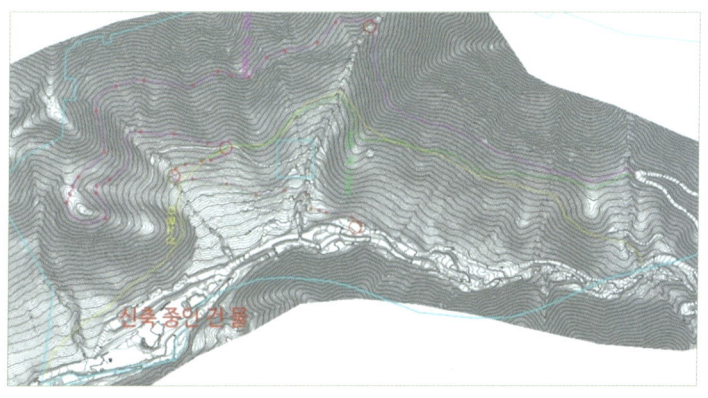

도면 35

도면 35는 라이다(LiDAR) 측량을 통해 임도 대상지의 현황을 분석한 도면이다. 노란색 선은 임도 타당성 평가 노선으로, 기존 1/5000 지형도에서는 건물이 표시되지 않았던 문제점이 확인되었다.

특히 타평 노선은 건물 뒤편을 따라 임도가 개설되도록 계획되어 있어, 임도 개설 이후 극한 호우 시 성토사면이 붕괴될 경우 건물에 심각한 피해를 초래할 가능성이 크다.

만약 해당 구간의 지반이 경암(단단한 암반)이라면, 공사 비용은 다소 증가하겠지만 개설 이후 안정성이 확보되어 재해 발생 위험이 현저히 낮아질 것이다.

발주처에서 도면 35의 연두색 임도노선 또는 선홍색 노선으로 개설할 것을 제안했지만, 아직 명확한 답변이 없는 상황이다. 시간이 흐르면서 용역 기간이 점차 줄어들고 있어 조급함이 느껴지기도 한다.

최근 대구에서 타 지역 산림용역업체로 이직한 직원과 우연히 통화하며 이 문제점을 하소연하자, 그는 이렇게 말했다.

"기술사님, 그냥 타평 노선대로 측량하세요. 다른 용역사들은 그런 고민 안 합니다."

그의 말처럼 단순히 돈을 벌기 위해서는 제시된 노선을 그대로 측량하는 것이 빠른 해결책일 수 있다. 아마도 많은 업체가 이와 같은 상황에서 별다른 고민 없이 진행했을 것이다.

하지만 최고의 임도설계 기술을 자부하는 진솔산림기술사사무소는 이러한 문제점을 무시한 채 타평 노선을 그대로 측량하는 것을 용납할 수 없다. 임도설계는 단순한 수익 창출을 넘어, 기술력과 자부심이 담긴 성과품을 만들어야 한다는 철학이 있기 때문이다.

〈혼을 담은 임도설계〉 비록 대한민국 최고의 임도설계 전문가는 아닐지라도, 진솔산림기술사사무소가 수행한 임도설계가 엉망이라는 비난을 받아서는 안 된다. 나아가, 진솔산림기술사사무소에서 설계한 임도로 인해 장차 인명이나 재산 피해가 발생하는 일은 결코 있어서는 안 될 것이다.

이러한 확고한 자부심과 책임감이 없다면, 임도설계를 감히 수행해서는 안 된다.

라이다(LiDAR) 기술을 적용한 임도설계

라이다 기술 임도사업 적용방안 마련 검토 회의 추진계획

◆ 4차 산업혁명과 관련 라이다(LiDAR) 신기술의 임도사업 분야 적용방안 마련을 위한 전문가 검토회의
  • 2021년 임도 라이다 적용 시범사업 결과 공유(삼척국유림관리소)

☐ **회의 개요**

○ 일 시 : 2021. 11. 17(수), 14:00 ~ 17:00(3시간)
○ 장 소 : 한국치산기술협회(사방협회)회의실
   * 충북 청주시 흥덕구 오송읍 오송생명로 150(☎043-279-5343)
○ 참 석
   - 산림청 스마트산림재해대응단, 목재산업과, 동부지방산림청(삼척관리소)
   - 국립산림과학원 산림기술경영연구소
   - 한국치산기술협회 / 한국산지보전협회 / 산림기술사협회
   - 산림조합중앙회(산림종합기술본부), 강릉시산림조합
   - 산림법인(하늘숲ENG, 해솔ENG) / 라이다업체(㈜지오시스템)

☐ **주요 내용**

○ 라이다 기술을 활용한 임도사업 추진사례 설명 및 정보공유
○ 현업적용을 위한 방안마련 및 전문가 토론 등

사진 44

　　산림청 스마트산림재해대응단에서 주최한「임도사업 LiDAR 기술 적용 방안 마련 검토 회의」가 2021년 11월 17일, 한국치산기술협회(舊: 사방협회)에서 있었다.
　　동부지방산림청 삼척국유림관리소에서는 2021년에 라이다(LiDAR) 기술을 활용한 작업임도 2.5km의 설계 및 감리용역을 시범적으로 실시하였으며, 이에 대한 사례 발표가 진행되었다.

임도설계는 ㈜하늘숲엔지니어링에서 수행하였으며, 이 업체는 우리나라에서 라이다(LiDAR)를 활용한 임도측량을 최초로 시도한 사례로 평가받고 있다.

하늘숲엔지니어링의 대표는 산림조합에서 근무한 경력이 있으며, 그동안 임도설계 과정에서 발생하는 측량 오차 문제를 해결하기 위해 끊임없이 고민해 왔다고 한다.

하늘숲엔지니어링에서 라이다를 활용한 임도설계 방법은 내가 구상한 방식과 다소 차이가 있었다.

진솔산림기술사사무소 역시 지난달(2021년 10월), 라이다 장비를 도입하여 임도측량을 실시한 바 있다.

하늘숲엔지니어링은 국토지리원에서 제공하는 1/5000 지형도로 임도노선을 확정한 후, 예정 노선 주변 지형을 위성지도로 확인하고 일반 드론을 이용해 사전 비행을 실시하였다.

사진 45

드론은 일반적으로 비행 고도 150m에서 사진 촬영을 수행한다. 그러나 라이다의 경우, 3D 스캔이 가능하려면 비행 고도를 50~100m 이내로 유지해야 한다. 보통 70~80m 정도가 적당한 고도이다.

임도 예정지는 산악지대로 지형 변화가 심하다. 고도 80m로 비행할 경우, 라이다를 장착한 드론이 지형의 급격한 변화로 인해 수고가 높은 나무에 부딪혀 추락할 위험이 있다. 라이다 장비는 고가이므로, 먼저 저가의 드론을 이용해 시범 비행을 실시하고 비행경로의 안전성을 확인한 후, 라이다 비행을 진행하였다.

저가 드론으로 비행경로의 안정성을 확인한 후, 임도노선중심선을 기준으로 좌우 각각 80m씩, 총 160m 내외의 비행 범위를 설정하고 자동 비행 모드에서 라이다 측량을 실시하였다. 라이다 측량 데이터를 기반으로 고도차 10cm 단위의 등고선을 생성하였다. 임도 설계에서는 지반고 10cm 단위의 등고선을 생성할 경우, 거의 정확한 지반 추출이 가능하다.

10cm급 등고선 지형도를 기반으로 임도의 평면선형을 설정한 후, 측점별 종단 값과 횡단 경사를 추출하여 임도 도면을 작성하였다. 라이다 측량으로 작성된 지형도는 지반고 차이가 10cm 이내로, 매우 정밀한 도면으로 평가된다. 이후 도면에서 각 측점의 XYZ 값을 RTK-GPS에 입력한 후, 현장에서 각 측점을 표기하였다. 이 과정에서 설계 도면을 참고하여 현장과의 오차 여부를 확인하고, 수정이 필요한 사항을 반영하여 최종 설계 도면을 확정하였다.

이상은 하늘숲엔지니어링에서 라이다 기술을 적용한 임도설계 방법이다.

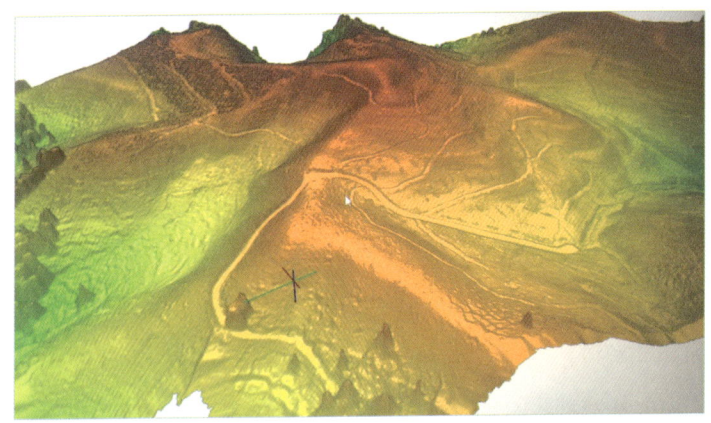

사진 46

    진솔산림기술사사무소의 임도측량 방법은 하늘숲엔지니어링과 약간의 차이가 있다. 진솔산림기술사사무소는 기존의 임도측량 방식을 그대로 유지한다. 즉, 1/5000 지형도에서 임도 예정 노선을 선정한 후, 해당 노선의 좌표를 GNSS에 입력하고 현장에서 직접 확인하며 20m 줄자를 이용해 각 측점을 표시해 나간다. 이러한 과정에서 숲속의 지형을 면밀히 검토하며 최적의 측점을 선정한다.

    그러나 1/5000 지형도는 암반 노출이나 오래된 분묘 등의 존재 여부를 파악할 수 없고, 국소적으로 횡단 경사의 차이가 발생하는 경우도 있어, 현장 조사를 통한 보완이 필수적이다.

    따라서 기존의 임도측량 방법과 동일하게, 간이 측량 기구를 활용해 종단 측량만 실시하고 평면 및 횡단 측량은 생략하며, 현장에서 직접 노선을 조정해 임도 개설이 가능하도록 한다.

    하늘숲엔지니어링의 설계 방식은 설계 도면을 먼저 작성한 후 현장을 확인하는 방식이기 때문에, 라이다 측량에서 발견할 수 없는 분묘 등이 임도노선에 포함될 경우, 수정이 번거로울 수 있다.

반면, 진솔산림기술사사무소의 방식은 현장에서 즉각적으로 문제점을 확인하고 임도노선을 조정할 수 있다는 장점이 있다. 다만, 간이 측량을 진행하며 현장에서 표시한 측점과 도면상의 측점 간 오차가 발생할 가능성이 있다. 이는 기존 임도설계(측량)에서도 동일하게 나타나는 문제이며, 이를 최소화하기 위해서는 I.P(교각점)와 곡선반경 설정을 신중하게 조정하고, 여러 차례 반복적인 검토 과정을 거쳐 곡선반경을 최적화해야 한다.

임도는 도면에 표시된 측점과 현장에 표기된 측점 간 약간의 오차(개인적으로는 1m 이내)는 시공에 큰 영향을 미치지 않을 것이다. 어차피 시공 과정에서 각 측점의 표시는 사라지게 되므로, 실무적으로 중요한 문제는 아니다.

다만, 1km 이내 간격으로 설치되는 임시 기준점(TBM)은 반드시 정확하게 설정되어야 한다. 임시 기준점이 정확하면 임도 시공 과정에서 큰 어려움이 발생하지 않을 것이다.

라이다 측량의 가장 큰 장점은 숲속에서도 정밀하고 신속한 지형 측량이 가능하다는 점이다. 하지만, 임도설계 용역업체가 아무리 최신 측량 장비와 스마트 기술을 도입하더라도, 이것이 곧바로 최상의 임도설계를 보장하는 것은 아니다. 라이다 측량은 단지 지형을 오차 없이 정확하게 측정할 수 있는 도구일 뿐, 결국 최적의 노선 선정과 설계의 완성도는 기술자의 경험과 노하우에 달려 있다.

경제적이면서도 견실한 임도를 조성하기 위해서는 최신 장비의 구축이 중요하다. 그러나 무엇보다도 설계자의 임도에 대한 깊은 지식과 설계 역량이 우선되어야 한다. 또한, 산지 지형과 정확히 일치하는 도면을 작성하기 위해서는 라이다 기술의 보급이 필수적이다.

향후 산림 분야에서 라이다 기술이 도입된다면, 임도뿐만 아니라 산림공학, 조림 사업, 임목수확 등 다양한 산림사업 분야에서도 기술적 도약이 이루어질 것이다. 이를 위해 발주처인 산림청에서는 라이다 측량의 대가 기준을 마련하고, 이에 따른 적절한 보상이 이루어져야 할 것이다.

진솔산림기술사사무소에서는 2024년부터 라이다 측량으로 추출한 현실 지형도를 바탕으로 설계 도면을 작성한 후, 현장에서 도면과의 일치 여부를 철저히 확인하며 임도설계의 정밀도를 높이고 있다.

길을 열고 숲을 살리다

[4장]

임도설계서, 숲을 위한 청사진

- 자존심이 구겨지는 임도설계서를 작성하다
- 임도사업 설계심사를 마치고 나서
- 임도설계 심사를 하면서
- 임도 내각이 155도 이상일 때는?
- 도로(임도)에서 한 측점 간의 거리는?
- 임도공사를 산림조합에서 시공할 경우 부가가치세는?
- 토량 체적환산계수에 대해서
- 유토곡선 적용할 보정계수 값은?
- 임도설계는 결코 쉽지 않다
- 우수 관로는 물이 꽉 차서 흐르지 않도록 설계해야 한다
- 비계와 동바리
- 설계 시 할증률 반영은?
- 기술사 자격의 전제조건

자존심이 구겨지는 임도설계서를 작성하다

"에이, 못하겠다." 임도사업 설계서를 작성하다가 짜증이 났다.

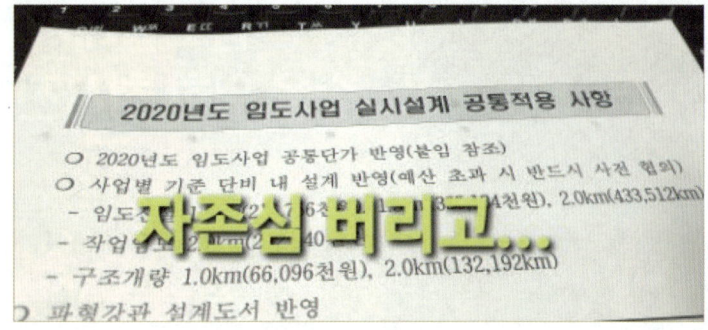

사진 47

작년 연말에 낙찰된 문경시 임도설계용역. 지난해 1차 납품을 마친 후, 올해 단가에 맞춰 설계서를 새로 작성하고 있다. 발주처에서 대부분의 공종에 대해 동일한 공통 단가를 적용하라고 제공한 파일이 있다. 이는 모 업체에서 작성한 내역서인데, 내가 산출한 단가와 일부 차이가 있음을 발견했다.

토사 절취 작업에 적용되는 장비와 다양한 요소들을 동일하게 설정해야 단가가 1원까지 일치한다. 그러나 현장 여건이 각각 다르기 때문에 토질 특성, 작업 환경 등이 모두 같다는 전제는 무리가 있다. 같은 단가를 적용하는 것은 현실적으로 어려운 일이다.

거의 모든 공종의 단가를 맞추려다 보니 기초 단가부터 하나하나 대조해야 한다. 실제로 내가 잘못 적용한 부분도 있었다. 품셈에 나와 있는 기준을 소수점 단위로 나누다 보니, 모 업체는 소수점 셋째 자리까지 적용한 반면 나는 넷째 자리까지 적용했다. 어쨌든 이 정도 차이는 맞춰주는 데 큰 문제가 없을 것이다.

더 짜증이 나는 것은 2003년에 발표된 구역 운임 화물 단가를 그대로 적용하라는 지시다. 20년이 지난 단가인데, 현재 화물협회에서도 사용하지 않는 비현실적인 기준이다.

모 업체에서 작성한 단가를 하나하나 대조하다 보니, 기본적인 장비 품 적용조차 잘못된 부분이 발견된다. 예를 들어, 굴삭기의 혹한 작업 시 반영해야 할 할증이 적용되지 않았다. 또한 단가 산출 시 반영된 계수 값들이 지나치게 인색하다. 이렇게 되면 시공자는 인건비와 장비 대여료 정도만 충당할 수 있을 뿐, 적정한 이윤을 남기기 어려울 것이다.

설계자마다 현장 여건에 대한 접근 방식과 판단이 다르다. 그런데도 단가를 일괄적으로 통일하라는 것은 현실과 동떨어진 요구다. 물론, 품셈 적용의 오류는 없어야 하지만, 기술자의 사명과 의도가 반영되지 않는 설계서는 의미가 없다.

일부 기술자는 그저 편하게 작업하려고 기존 자료를 그대로 복사해 설계서를 작성한다. 나 역시 어쩔 수 없이 그렇게 하고 있다는 사실이 기술사로서의 자존심을 상하게 한다.

이런 설계서를 작성할 바에야 차라리 임도설계 용역을 그만두는 것이 나을까 하는 생각마저 든다.

임도사업 설계심사를 마치고 나서

　　산림청에서 추진하는 여러 사업 중 하나가 바로 임도 사업이다. 산림의 본래 목적은 숲을 조성하고 나무를 건강하게 키우는 것이다. 그러나 이러한 산림 경영을 효과적으로 수행하기 위해서는 임도가 필수적인 기반 시설로 자리 잡고 있다.

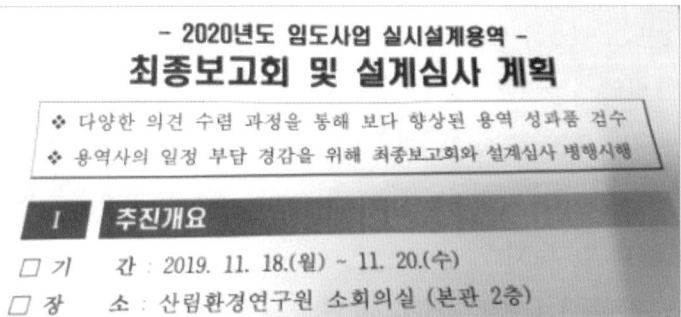

사진 48

　　임도는 산에 비교적 쉽게 개설할 수 있는 도로이다. 요즘은 임도가 없으면 산에 접근하기가 쉽지 않다. 내가 어릴 적만 해도 산에는 나무가 많지 않았다. 단위 면적당 나무의 축적량이 매우 적었으며, 어린나무가 대부분이었고 수령이 많은 큰 나무는 드물었다.

　　그러나 지금은 상황이 크게 달라졌다. 우리나라의 입목 축적은 헥타르(10,000㎡)당 150㎥를 넘어선다. 이는 그만큼 나무의 나이가 평균 40년에 이르렀다는 뜻이다. 우리나라 숲의 평균 연령이 이제

청년기를 지나 장년기에 접어들고 있다.

숲이 장년에 접어들면 본격적으로 임목수확을 해야 할 시기가 시작된다. 임도가 있어야 임목수확을 효율적으로 진행할 수 있으며, 임도가 없으면 산꼭대기에 있는 나무를 수집하는 데 막대한 비용이 소요된다. 따라서 임도는 필수적이다.

또한, 벌목 후 조림을 하고 어린나무를 가꾸는 풀베기 작업을 할 때도 임도가 있으면 작업 비용을 크게 절감할 수 있다. 이러한 이유로 임도는 산림을 지속적으로 관리하는 데 중요한 기반 시설로 여겨진다.

내년도 임도 신설 용역의 설계심사를 의뢰받아 산림환경연구원에서 6개 노선을 심사했다. 2005년 이전까지는 모든 산림사업 설계를 산림조합중앙회 지역본부(당시 지회)에서 수행했다. 이로 인해 설계 방식이 대부분 획일적이었다.

그러나 시간이 흐르면서 산림사업이 개방되고, 다양한 업체들이 설계에 참여하게 되었다. 그중 하나가 진솔산림기술사사무소이다. 업체들이 다양해지면서 설계 접근 방식 또한 다채로워졌다. 이는 획일적인 도면에서 벗어나 다양한 설계안을 도출할 수 있다는 점에서 긍정적이다.

하지만 설계 방식이 다양해지면서 일부 도면에서는 오류가 발견되기도 한다. 이는 설계 품질의 일관성을 유지하기 어려운 부분이기도 하다.

예를 들어, 철근 배근을 무분별하게 하는 경우가 종종 발생한다. 콘크리트의 가장 큰 약점은 인장력에 취약하다는 점이다. 이를 보완하기 위해 철근을 적절히 배치해야 한다. 특히, 인장력을 보완하는 주철근은 간격과 굵기를 신중하게 고려하여 배치해야 한다.

반면, 주철근을 보조하는 직각 철근은 힘을 분배하는 역할을 하므로 굳이 굵은 철근을 사용할 필요가 없다. 가장 얇은 규격의 철근을 사용해도 충분하다.

또한, 콘크리트 벽체의 철근 배치는 인장력이 발생하는 부분에 집중되어야 한다. 그러나 일부 도면에서는 철근을 단순히 중앙에 배치하는 오류가 발생하고 있다. 이러한 경우, 철근을 배근한 콘크리트가 무근 콘크리트보다 반드시 더 튼튼하다고 보장할 수 없다. 따라서 철근을 올바르게 배치하는 것이 구조적 효율성을 높이는 핵심 요소가 된다.

또한, 평면선형의 IP(교각점) 설정을 하지 않는 경우도 문제가 된다. 일부 설계에서는 임도노선을 오르막으로 급격히 10% 이상 배치했다가, 다시 급격히 10% 이상의 내리막으로 설계한 사례가 있었다. 이러한 설계는 현지 여건상 횡단 경사가 급격하여 임도 개설이 불가능할 가능성이 높다. 물론 현장 답사를 하지 않으면 정확한 판단이 어렵겠지만, 임도의 핵심 요소는 무엇보다 종단물매의 적절한 계획임을 강조하고 싶다.

임도설계의 기본 원칙을 무시하고 설계자의 임의대로 노선을 배치한다면, 임도의 발전을 기대할 수 없다. 최소한의 기초지식을 습득하고, 기본적인 설계 원칙은 반드시 지켜야 한다.

임도설계 심사를 하면서

지난주, 산림환경연구원 서부지원에서 연락이 왔다. 8월 19일 설계심사를 부탁한다는 전화였다. 아침에 "10시 30분까지 오라"는 문자가 왔다. 임도설계용역 심사 건은 1건이었다.

임도설계 도면을 펴는 순간, 도면을 던지고 싶은 심정이었다. 분명 [산림관리기반시설의 설계 및 시설기준]에 임도설계 및 시설 규정이 명시되어 있는데, 이를 무시한 설계 도면이었다. 현재 산림기반시설기준에 따르면 임도의 종단물매는 최대 18%까지 허용된다. 이는 노면에 콘크리트 포장을 하는 경우에 해당한다.

심사 대상인 설계 도면을 살펴보니, 종단물매 계획이 최대 28.4%로

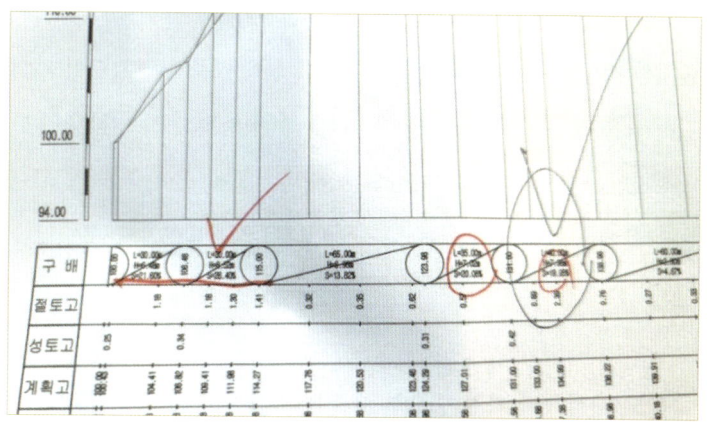

도면 36

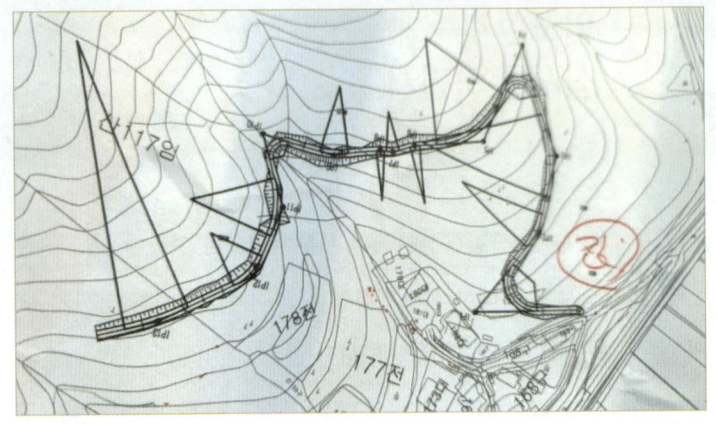

도면 37

설정되어 있었다. 또한 18%를 초과하는 구간이 세 곳 더 있었다. 이는 기준치인 18%를 크게 초과한 값으로, 심각한 문제점이 아닐 수 없다.

시점부에는 산지 전용을 득하여 신축 주택이 들어설 예정이라고 한다. 주택이 들어서면 임도는 집 뒤편 산을 따라 지나가게 된다. 요즘처럼 집중호우가 빈번한 상황에서, 그 집에 거주하는 사람이 과연 편히 잠을 잘 수 있을까? 호우가 내려도 피해가 발생하지 않을 수도 있겠지만, 임도를 아무리 견실하게 시공한다 해도, 밤중에 집 뒤편 높은 곳에서 빗물이 모이는 도로가 있다는 사실만으로도 불안감을 떨치기 어려울 것이다.

임도 개설에서 가장 중요한 요소는 노선 선정이라고 여러 차례 강조한 바 있다. 노선 선정 시 최우선으로 고려해야 할 요소는 종단물매 계획이다. 종단물매와 함께 평면 곡선 반경 또한 중요한 요소이다. 종단물매가 급하면 차량 통행이 어려워지고, 설계 단계에서 가장 신중하게 고려해야 할 부분이다. 또한, 평면 곡선반지름이 지나치게 작으면 차량이 원활하게 회전할 수 없어 운행에 지장을 초래한다.

종단물매와 곡선반경의 상관관계를 나타내는 값을 '물매곡율비'라고 한다. 임도 개설 시 종단물매와 곡선반경은 가장 중요한 요소이다. 또한, 산지 경사가 급한 구간은 가급적 회피해야 한다. 급경사지에서는 산림 훼손이 심각해지고 공사비가 과도하게 증가하기 때문이다.

설계자는 임도설계 경험이 많지 않은 듯하다. 단순히 타당성 평가 자료에 제시된 노선을 그대로 따르며, 노선 선정 과정에서의 고민이나 조정의 흔적이 보이지 않았다.

사유림임도 개설에는 산주의 동의가 절대적으로 필요하다. 산주의 동의를 얻지 못하면 임도 개설 자체가 불가능하다. 그러나 산주의 요구사항을 지나치게 반영하다 보면 노선 선정이 비효율적으로 이루어질 수 있다. 이는 시공의 어려움뿐만 아니라, 장기적인 유지관리 측면에서도 문제를 초래할 가능성이 크다.

설계자에게 다음과 같이 말했다.

"산주 동의는 두 번째 문제이고, 우선 기술자로서 최적의 노선을 찾는 데 고민부터 하라. 임도 시점을 다른 곳에서도 찾아보고, 여러 노선(안)을 검토하라."

덧붙여, "이번 설계 건은 처음부터 원점으로 돌아가서 이 임도를 왜 개설하는 것인지? 산주와 주민들, 담당 공무원과 함께 충분히 상의한 후 노선을 결정하라."

1995년, 김영체가 임도측량을 처음 시작할 때보다 형편없는 설계 도면을 접한 오늘. 앞으로 대한민국 산림공학 분야의 발전을 기대하는 것은 나만의 욕심인가? 자문해 본다.

임도 내각이 155도 이상일 때는?

[산림관리기반시설의 설계 및 시설기준]에서는 "임도의 평면 곡선을 내각이 155° 이상 되는 장소에서는 곡선을 설치하지 아니할 수 있다."라고 명시하고 있다.

우선, 내각이 무엇인지 알아야 한다.

폭이 좁고 길이가 긴 도로, 철도, 하천(수로) 등의 측량을 노선 측량이라 한다. 도로는 시점(BP)에서 종점(EP)까지 일직선으로 이어지는 경우가 거의 없다. 특히, 산악지에 개설되는 임도는 더욱 그러하다. 산악지에서는 계곡과 능선이 연속적으로 이어져, 일반 도로나 고속도로보다 평면선형의 변화가 많다.

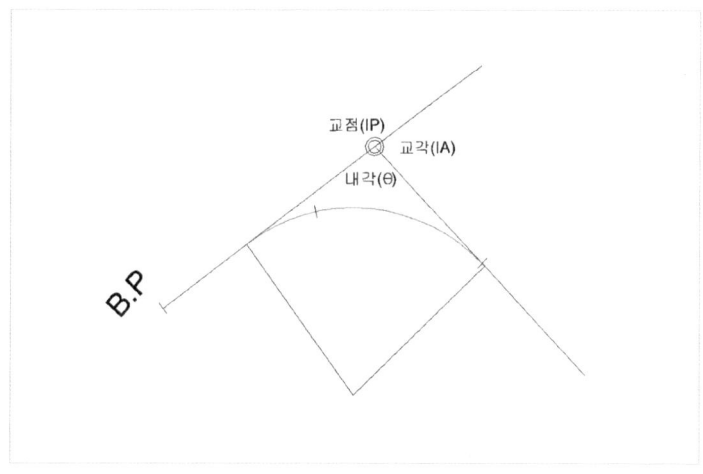

그림 2

도로는 시점에서 출발해 직선(측선)으로 진행하다가 지형 여건상 장애물을 만나면 직선의 방향을 변경해야 한다. 이렇게 방향을 변경한 지점을 교점(IP)이라고 부른다. 도로는 이러한 교점을 통해 지형에 맞춰 방향을 조정하면서 종점에 이르게 된다.

교각(IA)은 앞직선(측선)의 연장선과 다음 직선(측선) 사이의 각도를 의미하며, 내각(θ)은 앞직선(측선)과 다음 직선(측선)이 이루는 내부의 각도를 의미한다. 따라서 교각(IA)과 내각(θ)의 합은 항상 180도가 된다. 즉, 내각이 155도일 경우 교각은 25도가 된다.

그림 2와 같이 내각이 클수록 주행 차량이 방향을 전환하기가 쉬워진다.

따라서, [산림관리기반시설의 설계 및 시설기준]에서는 내각이 155도 이상일 때 평면 곡선을 설치하지 않아도 된다고 규정하고 있다. 이는 임도의 설계 속도가 상대적으로 낮기 때문에 가능한 일이다.

반면, 고속도로의 경우 설계 속도가 높아 내각이 크더라도 평면곡선을 반드시 설치해야 한다. 임도의 경우 차량의 주행 속도가 낮기 때문에 곡선 설치 여부를 유연하게 적용할 수 있지만, 고속도로에서는 안전을 위해 반드시 곡선반경을 고려해야 한다.

이 중요한 차이를 기억해야 할 것이다.

설계자에게 질문했다.

"왜 평면중심선에 교각이 생기는 데 교점(IP)을 부여하지 않았는가?"

이에 대한 답변은 예상 밖이었다.

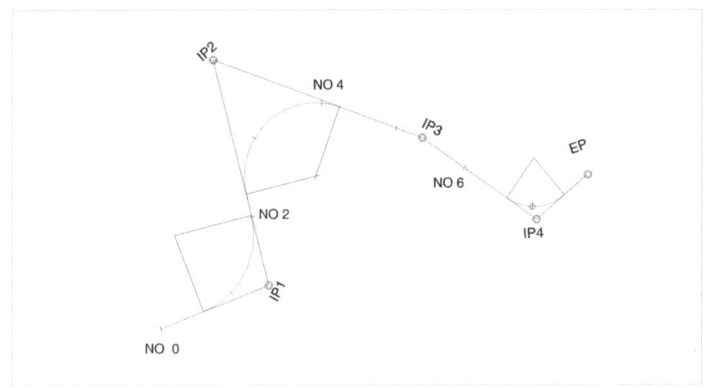

그림 3

"곡선을 설치하지 않아도 되는데, 왜 교점(IP)을 정해야 하느냐?"

설계자의 반문을 듣고 곰곰이 생각해 보았다. 이는 설계자가 임도 설계의 기초지식을 충분히 숙지하지 못한 데서 비롯된 것으로 보인다. 단순히 임도설계 프로그램〈오솔길〉이 교점(IP)을 먼저 설정하지 않고도 곡선을 설치할 수 있도록 구성되어 있기 때문일 것이다.

□ 곡 선 설 치 표

IP	IA	R	TL	CL	SL	B.C	E.C
1	67-58-28.16	18.00	12.14	21.35	3.71	NO.0+11.9	NO.1+13.26
2	26-37-46.42	35.00	8.28	16.27	0.97	NO.2+4.77	NO.3+1.04
3	30-6-30.98	35.00	9.41	18.39	1.24	NO.3+15.52	NO.4+13.91
4	12-48-52.62	55.00	6.18	12.30	0.35	NO.5+14.69	NO.6+6.99
5	55-45-4.81	28.00	14.81	27.25	3.68	NO.6+19.67	NO.8+6.92
6	26-20-40.82	23.00	5.38	10.58	0.62	NO.8+13.49	NO.9+4.06
7	59-34-42.14	20.00	11.45	20.80	3.05	NO.9+10.72	NO.10+11.52
8	16-16-26.54	25.00	3.57	7.10	0.25	NO.10+16.72	NO.11+3.82
9	52-45-4.14	25.00	12.40	23.02	2.90	NO.11+14.64	NO.12+17.66
10	119-49-40.69	12.00	20.71	25.10	11.94	NO.13+16.68	NO.15+1.77
11	4-42-58.25	0.00	0.00	0.00	0.00	NO.16+4.68	NO.16+4.68
12	56-5-25.03	25.00	13.32	24.47	3.33	NO.16+17.86	NO.18+2.33
13	21-18-51.22	-	-	-	-	NO.19+0.6	NO.19+0.6
14	26-53-25.51	35.00	8.37	16.43	0.99	NO.19+15.31	NO.20+11.74
15	32-26-11.51	30.00	8.73	16.98	1.24	NO.21+6.77	NO.22+3.75
16	56-30-1.38	20.00	10.75	19.72	2.70	NO.22+4.78	NO.23+4.5

그림 4

그림 4는 임도설계 납품 시 포함된 평면도 곡선제원표이다. 발주처 담당 공무원이 질문했다.

"IP 13번의 곡선반경 값을 왜 기재하지 않았나요?"

이러한 질문이 나오는 이유는 충분히 이해할 수 있다. 그간 임도설계 도면에서 곡선제원표에 곡선반경이 누락된 사례를 한 번도 본 적이 없기 때문일 것이다.

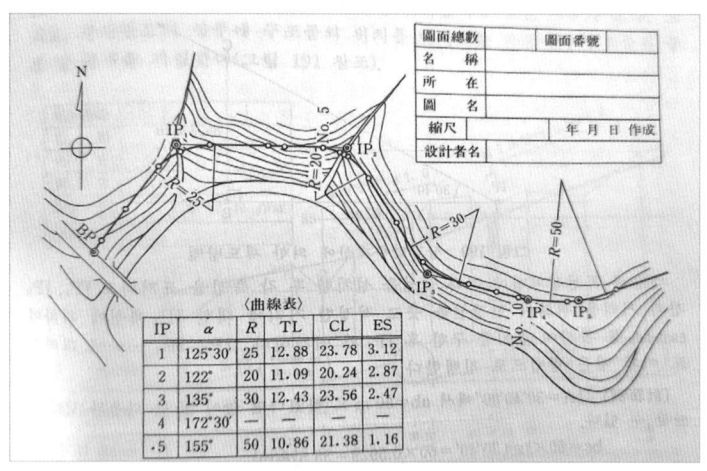

그림 5

그림 5는 대학교재 임업토목공학에 실린 그림이다. 교재에서도 평면도와 함께 곡선반경이 기재되지 않은 IP 4번이 존재함을 확인할 수 있다.

이러한 사례를 보며 문득 의문이 들었다. "산림 관련 학과 졸업생들은 임도공학 교재에 나오는 내용을 제대로 배우지 않은 것인가?" 혼자 중얼거렸다.

도로(임도)에서
한 측점 간의 거리는?

산림청에서 수행하는 다양한 업무 중에서 조림, 어린나무 가꾸기, 숲 가꾸기, 벌채(임목수확) 등 산림 경영 분야가 가장 근본적인 역할을 한다. 하지만, 산림 경영 외에도 중요한 분야 중 하나가 바로 산림토목, 즉 산림공학이다.

산림청 소관 업무를 담당하는 종사자들은 대부분 임학 또는 산림자원학을 전공한 기술자들이다. 순수 산림 경영 업무에서는 이들이 높은 전문성을 발휘하지만, 산림공학 분야, 특히 임도(林道) 설계에서는 기초적인 공학적 지식이 부족한 경우가 많다.

특히 일부 임도설계에서는 도로 평면중심선을 작도할 때 IP(교점)의 개념을 제대로 이해하지 못하는 사례가 종종 발생한다. IP는 직선 구간에서 다음 직선으로 방향이 변경되는 지점으로, 도로의 방향이 꺾이는 곳마다 반드시 정의되어야 한다. 그러나 현재 일부 설계에서는 임도설계 자동화 프로그램인 〈오솔길〉을 활용하면서 IP를 정확하게 설정하지 못하는 문제가 발생하고 있다.

산림기반시설기준에서는 '내각 155도(= 교각 25도) 이상의 IP에서는 곡선 설치를 아니 해도 된다'라고 명시하고 있다. 이 규정은 내각 155도 이상, 즉 교각 25도 미만의 교점(IP)에서는 곡선을 설치하지 않아도 된다는 의미이지, IP를 선정하지 않아도 된다는 의미가 아니다.

IP는 평면중심선의 각도가 조금이라도 발생하면 반드시 부여해야 한다.

2021년 12월 9일, 임도설계 심사를 받았다. 오늘 다른 일정으로 인해 직접 참석하지 못하고 직원을 대신 보냈다.

설계심사 과정에서 한 측점 간의 거리 20m가 수평거리인지 경사거리인지에 대해 갑론을박이 있었다고 들었다.

임도뿐만 아니라 모든 도로에서 '거리'는 수평투영거리를 의미한다. 평면도가 무엇인지 생각해 보자. 평면도는 하늘에서 내려다본 그림이다. 하늘에서 내려다보면 도로의 경사 여부를 알 수 없다.

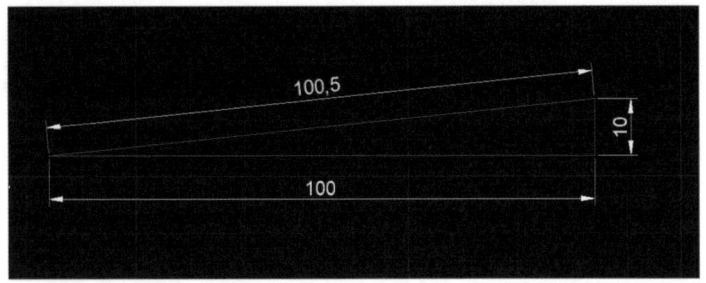

도면 38

평면도에 그려지는 도로 중심선은 수평거리를 기준으로 한다. 이는 도로 설계의 기본 원칙이며, 모든 설계가 이 원칙을 따른다. 이러한 상황에서 수평거리와 경사거리를 논하는 것 자체가 무식(無識)함을 드러내는 것이다.

예를 들어, 도로의 종단물매가 10%일 때 수평거리 100m는 경사거리로 환산하면 약 100.5m가 된다. 임도의 경우, 최대 종단물매는 18%까지 허용되므로 수평거리 100m는 경사거리 101.6m에 해당한다.

평균적으로 임도의 종단물매는 약 10% 정도이며, 이 경우 1.0km의 수평거리는 실거리(경사거리)로 1.005km가 된다. 즉, 약 0.5%의 오차가 발생하지만, 이는 임도에서는 무시할 수 있는 수준이다.

임도공사를 산림조합에서 시공할 경우 부가가치세는?

산림조합 조직은 산주들이 출자하여 만든 공조직이라고 할 수 있다. 그러나 이는 산주들이 자발적으로 만든 조합이라기보다 정부(관)가 주도하여 강제적으로 설립한 조합에 가깝다. 산림조합은 일반 법인처럼 이윤을 추구하지 않는다고 하지만, 실제로는

산림조합, 중앙회 부가가치세 면제가 안되는 사업

□ 산림조합 및 중앙회 면제가 안되는 사업 (2006. 7. 1 시행)

o 산림도로시공업, 휴양림조성업
 - 조세특례제한법 시행규칙 별표10 【일부개정 20050 4. 17 재정 경제부령 제504호】로 산림도로시공업, 휴양림조성업 사업이 부가가치세 면제가 안되는 사업으로 포함되었으며 법 시행은 2006. 7. 1일부터 시행됨.

o 포함된 사유
 - 산림도로시공업 : 임도, 휴양림조성업 사업의 경우 민간과의 공정한 경쟁을 하기 위하여 부가가치세가 면제됨.
 - 법의 취지를 볼 경우 임도신설, 구조개량, 임도유지보수 등 임도에 관련된 모든 사업에 대하여 부가가치세를 부과하여야 함.

☞ 산림도로 시공업의 경우 혹자는 시공은 신설, 구조개량이며 보수는 시공에 포함되지 않으므로 면제가 되지않나 하는 의견이 있으나 법 개정시기의 시행취지를 볼 때 민간과의 공정한 경쟁을 하기 위하여 법을 개정하였으므로 보수도 산림조합, 중앙회의 경우 부가가치세 면제가 안되는 사업임.

사진 49

이윤을 추구하는 조직이다. 이는 산주를 위한 이익 추구보다는 산림조합 임직원을 위한 이윤 추구에 가깝다고 볼 수 있다. 이러한 현상은 산림조합뿐만 아니라 농협, 축협에서도 마찬가지일 것이다.

산림조합법에 따르면 조합은 이윤을 추구하지 않는 조직으로 규정되어 있으나, 현실적으로 일반 사업에서도 이윤을 추구할 수 없는 구조적 한계가 존재한다. 따라서 산림토목사업 시행 시, '이윤'이라는 항목 대신 '수수료'라는 항목이 사용된다. 부가가치세 역시 동일한 방식으로 적용된다.

산림조합이 공사를 수행할 때, 공사 자체에는 부가세 10%가 부과되지 않는다. 그러나 공사로 인해 장비를 임대하거나 자재를 구입할 경우, 부가세 10%를 지급해야 하므로, 경비와 자재비에 한해 부가세를 설계서에 반영하게 된다. 사방사업이나 숲 가꾸기 사업에서도 동일한 원칙이 적용된다.

한편, 2006년 7월 1일 개정된 조세특례제한법에서는 산림조합이 시공하는 임도(산림 도로) 및 휴양림 조성 공사에 대해 부가세를 과세해야 한다고 명시하고 있다.

토량 체적환산계수에 대해서

토사 작업 시, 굴삭기로 자연 상태의 토량을 절취하여 평지에 놓으면 부피가 증가한다. 반면, 해당 토량을 장비나 해머 등으로 다지게 되면 부피가 감소한다. 즉, 토량의 부피, 즉 체적이 변화하게 된다. 이러한 체적 변화는 토질의 종류에 따라 달라지며, 이를 토량환산계수 또는 체적환산계수라고 한다.

L (Loose): 흐트러진 상태의 체적 ÷ 자연 상태의 체적
C (Compact): 다져진 상태의 체적 ÷ 자연 상태의 체적

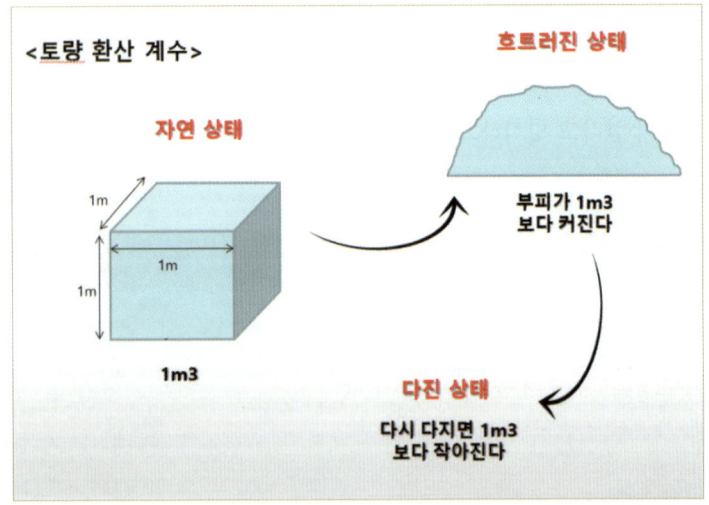

그림 6

가로, 세로, 높이가 각각 1m인 정육면체의 부피는 1㎥이다. 임도 개설 시, 굴삭기로 절취한 토사지반 1㎥는 부피가 증가한다. 이때 중량(무게)은 변하지 않으며, 단지 토사 입자와 입자 사이의 공간(공극)이 늘어나기 때문이다. 자연 상태에서 흐트러진 상태로 변하면서 입자 간의 공간이 넓어진다는 의미이다.

흐트러진 상태에서 절취한 토사를 다시 구덩이에 넣고 장비 버킷 등으로 다지면, 토립자 사이의 공간이 줄어들면서 부피가 감소한다. 모래질 흙과 점토질 흙에 따라 토량 환산계수가 다르다. 일반적으로 자연 상태의 토사가 부피 1.0이라고 할 때, 흐트러진 상태의 부피는 1.2~1.4배, 다져진 상태의 부피는 0.85~0.95배 정도가 된다.

그렇다면, 토사가 아닌 암석의 경우는 어떻게 될까?

암석(암반)은 자연 상태에서 입자 간 공극이 거의 없다. 자연 상태의 암반량이 1.0일 때, 흐트러진 상태로 변하면 부피는 1.3~2.0배까지 증가할 수 있다. 이는 토사보다 부피 증가가 더 큰데, 자연 상태의 암반은 공극이 거의 없는 밀집된 상태이기 때문이다.

암반도 풍화암, 연암, 경암 등 암질에 따라 토량 환산계수가 다르다. 암반의 다져진 상태의 계수 값은 1.0~1.5 정도이다. 토사의 경우 다지면 부피가 자연 상태 기준으로 줄어들지만, 암반은 절취 후 다시 다져도 당초 자연 상태의 부피보다 커지게 된다. 아무리 다짐을 잘하더라도 원래 암반 상태만큼 공극을 완전히 제거할 수 없기 때문이다.

임도설계 예산서(내역서) 산출 시, 절취 토량은 자연 상태 기준으로 적용하며, 단가 산출 계산식에서는 작업량을 구할 때 체적 환산 계수 $f=1/L$을 곱해야 한다.

유용토 운반에 적용하는 토량은 다져진 상태를 기준으로 산출하며, 일반적으로 다져진 상태를 기준으로 하고 있다. 유용토 운반 단가 산출 계산식에서는 토량 체적 환산계수 $f=C/L$을 곱해야 한다.

즉, 절취 토량은 자연 상태 기준, 유용토 운반 토량은 다져진 상태 기준으로 적용해야 한다.

2024년에 중부지방산림청 소관 임도설계 용역을 수행한 적이 있었다. 중부지방산림청의 임도설계 심사 과정은 남부지방산림청보

토공 검산 및 적용 수량

구분			내역서적용	자연상태	다져진상태	비고	
1.	흙깎기(A)		16,803	16,803.96	17,241.74		
	토사		11,229	11,229.82	10,106.84	C=0.9	
	암		5,574	5,574.14	7,134.90	C=1.28	
4.	토량운반(D)		13,892	13,892.65	14,404.66		
4.1	무대운반		4,635	4,635.66	4,367.32		
	a	종무대	431	432.41	429.33		
		토사	326	326.71	294.04	C=0.9	
		암	105	105.70	135.29	C=1.28	
	b	횡무대	4,203	4,203.25	3,937.99		
		토사	3,795	3,795.17	3,415.65	C=0.9	
		암	408	408.08	522.34	C=1.28	
4.2	도자운반		1,695	1,696.55	1,685.68		
	토사		1,278	1,278.69	1,150.82	L=41.15m	C=0.9
	암		417	417.86	534.86	L=38.96m	C=1.28
4.3	덤프운반		7,559	7,560.44	8,351.66		
	토사		3,488	3,488.69	3,139.82	L=268.19m	C=0.9
	암		4,071	4,071.75	5,211.84	L=420.56m	C=1.28

표 3

다 체계적으로 잘 갖추어져 있었다. 남부청의 경우, 용역업자 간에 서로의 미비점과 오류를 지적하는 방식으로 진행되며, 주관적인 견해 차이에 따라 심사 내용이 달라질 수 있었다. 남부지방산림청의 설계 지침은 존재하지만, 대부분 통상적인 내용에 그쳤다.

반면, 중부지방산림청에서는 구체적인 설계 가이드라인을 제시하고 있었으며, 일부 내용은 내 견해와 일치하지 않았다. 그중 하나가 토량 환산계수 값에 대한 기준이었다.

표 3에서 운반 토량 적용을 자연 상태 기준으로 적용하도록 되어 있었다. 이 경우, 단가 산출 계산식에서는 토량 환산계수를 $f=1/L$ 로 적용해야 한다. 또한, 유토곡선도 역시 자연 상태 기준으로 산출해야 한다.

진솔산림기술사사무소에서 납품한 임도설계서는 중부지방산림청의 기준을 적용하지 않았다. 운반 토량 기준을 다져진 상태로 산출하고, 단가 산출서에는 토량 체적 환산계수 $f=C/L$을 적용하였다. 이에 대해 담당 공무원에게 그 이유를 충분히 설명하였다.

유토곡선 적용할 보정계수 값은?

유토곡선 적용 시 보정계수 값은 어떻게 설정해야 할까?

토사(흙)의 경우, 자연 상태에서 흐트러진 상태로 변하면 체적(부피)이 증가하고, 다시 다져진 상태로 돌아가면 체적은 감소한다. 반면, 암반의 경우 자연 상태에서 흐트러진 상태로 변하면 체적이 증가하지만, 다져진 상태로 바뀌어도 자연 상태 대비 체적이 줄어들지 않고 오히려 증가한다.

체적 변화를 비교하면 다음과 같다:

> 토사의 경우: 흐트러진 상태 > 자연 상태 > 다짐 상태
> 암석의 경우: 흐트러진 상태 > 다짐 상태 > 자연 상태

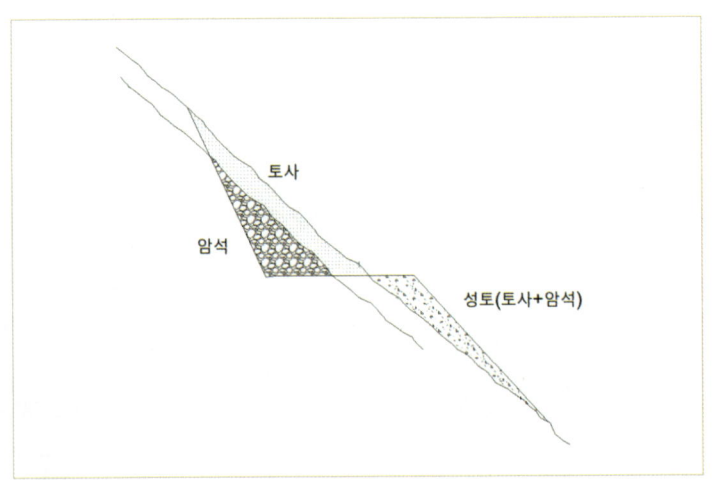

그림 7

위 그림 7은 임도의 단면도(횡단면도)이다. 특정 지점에서 절토부에는 토사와 암석이 존재하고, 성토부가 발생하는 단면을 보여준다. 절취된 토사와 암석은 성토부로 이동되며, 이때 성토부는 다져진 상태의 체적으로 성토량을 계산해야 한다. 반면, 절취량은 자연 상태를 기준으로 산출해야 한다.

이를 바탕으로 다음과 같이 가정해 보자.

한 구간에서 절취토사량이 10㎥, 절취암석량이 15㎥ 발생하고, 성토량이 25㎥ 필요하다고 가정하면, 절취량(토사와 암석 합계) 25㎥가 성토량 25㎥와 동일하다고 단정할 수 없다.

이는 절취토량이 자연 상태 기준이고, 성토량은 다진 상태 기준이기 때문이다. 정확한 토공 유동량을 파악하기 위해서는 절취토량과 성토량의 기준을 일치시켜야 한다. 따라서 절취토량을 다진 상태 기준으로 환산하기 위해 보정계수, 즉 체적환산계수(C값)를 곱해야 한다.

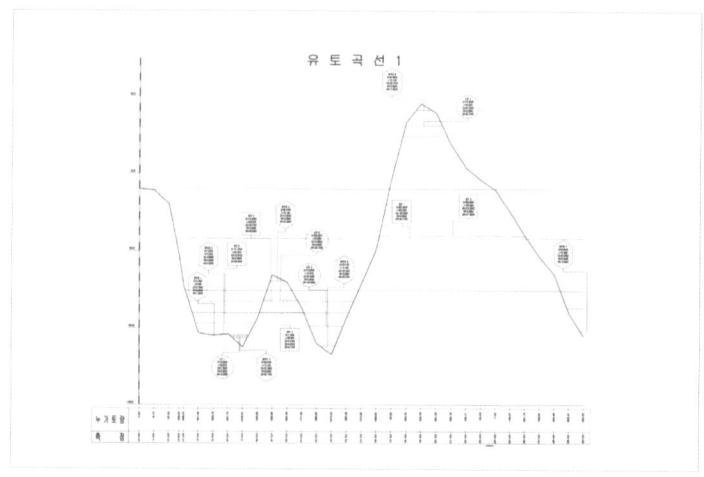

그림 8

토량의 운반거리에 따라 운반비가 없는 무대량, 불도저 운반량, 덤프트럭 운반량을 산정한다. 경남 지역에서는 불도저 투입이 현실적으로 불가능하기에 불도저 운반 공종을 생략한다고 들었다.

토공량의 운반 거리와 운반 토량을 산정하기 위해 유토곡선(mass curve)을 작성한다. 일반적으로 운반 거리가 20m까지는 무대량, 20~60m 구간은 불도저 운반, 60m 이상은 덤프트럭으로 운반하는 기준을 적용한다. 이 기준은 일반 도로 설계 기준과 동일하다.

측점	거리	[절토] 〈토사〉 단면적	입적	보정량	[절토] 〈암석〉 단면적	입적	보정량	보정량계	[성토] 단면적	입적	유용토	차인토량	누가토량
0	0	1.42	0.00	0.00	0.6	0.00	0.00	0.00	0	0.00	0.00	0.0	0.0
1	20	3.3	47.20	41.54	0	6.00	6.90	48.44	20.89	208.90	48.44	-160.5	-160.5
2	20	0.4	37.00	32.56	0	0.00	0.00	32.56	21.59	428.00	32.56	-395.4	-555.9
3	20	0	4.00	3.52	0	0.00	0.00	3.52	18.49	404.00	3.52	-400.5	-956.4
3+15	15	1.2	9.00	7.92	3.11	23.33	26.82	34.74	5.35	178.80	34.74	-144.1	-1100.4
4		1.14	5.85	5.15	2.99	15.25	17.54	22.69	3.6	22.38	22.38	0.3	-1100.1
4+10	10	3.35	22.45	19.76	1.5	22.45	25.82	45.57	0.8	22.00	22.00	23.6	-1076.6
5	10	8.9	61.25	53.90	0	7.40	8.63	62.53	1.95	13.75	13.75	48.8	-1027.8

토사 보정량 = 입적 × C (0.88)
암석 보정량 = 입적 × C (1.15)

표 5 토적계산서

토공 운반량 기준은 성토부의 다짐 상태를 기준으로 하여 절취토량을 환산한다. 토사의 경우, 다짐 상태 기준으로 환산하여 토량을 산출하는 데 문제가 없다. 그러나 암석은 절취 후 다시 다짐을 하더라도 체적이 자연 상태보다 다소 증가한다. 절취된 암석이 토사와 섞이지 않고 순수한 암석 파쇄석만으로 성토될 경우, 성토되는 암석에 보정계수 C를 곱하여 계산하면 된다.

표 5에서는 절취된 암석량을 보정하기 위해 체적 환산계수 C=1.15(연암의 다짐 상태 값)를 적용하여 산출하였다. 대부분의

설계자들은 이와 같이 산출하고 있다.

그러나 임도 성토 구간에서 암석 파쇄석만을 사용하여 성토하는 경우는 드물다. 보통 암석 파쇄석과 토사가 섞여 성토된다. 즉, 성토부에서는 암석 파쇄석의 공극(빈 공간)을 작은 입자의 토사가 채우게 된다. 따라서 표 5와 같이 암석 보정계수 C값을 그대로 적용하여 토량(암석) 운반량을 산출하면 과다 산출될 우려가 있다.

측점	거리	흙깎기 토사			흙깎기 연암			흙쌓기		유용토	차인토량	누가토량
		단면적	입적	보정량	단면적	입적	보정량	단면적	입적			
0+0	0	3.8	-	-	-	-	-	-	-	-	-	-
1+0	20	6.0	98.3	88.5	4.2	41.6	41.6	2.5	25.0	25.0	105.1	105.1
2+0	20	6.8	128.3	115.5	5.2	93.3	93.3	1.1	36.0	36.0	172.8	277.8
3+0	20	8.3	150.9	135.8	9.5	146.2	146.2	2.3	34.0	34.0	248.0	525.9
4+0	20	8.6	168.9	152.0	8.0	174.5	174.5	-	23.0	23.0	303.5	829.4
5+0	20	6.5	151.6	136.4	13.6	216.4	216.4	-	-	-	352.8	1,182.2
		토사 보정량 = 입적 × C (0.9)			암석 보정량 = 입적 × C (1.0)							

표 6 토적계산서

위의 표 6은 진솔산림기술사사무소에서 사용하는 토적계산서이다. 암석 보정량을 산출하기 위해 보정계수 $C=1.0$을 적용하여 계산하였다. 암석에 대해 $C=1.0$을 적용한 것이 실제 현장과 완벽히 일치한다고 단정할 수는 없지만, 표 5에서 적용한 암석 보정계수 $C=1.15$로 산출한 토공 운반량보다 좀 더 현실적인 수치에 가깝다고 볼 수 있다. 이는 암석 파쇄석의 공극이 토사로 채워지기 때문이다.

그렇다면 암석 보정계수 값은 얼마로 설정해야 할까?

이 질문에 대한 명확한 정답을 내리기는 어렵다. 보다 정확한 값을 찾기 위해서는 추가적인 연구와 실험을 통해 최적의 보정계수를 도출해야 할 과제이다.

임도설계는 결코 쉽지 않다

2024년 3월, 국유림 산불진화임도설계 용역을 수행하였다. 해당 용역의 감리 업무는 다른 업체가 담당하게 되었다. 감리자는 설계 검토 보고서를 작성하여 발주처에 제출해야 한다.

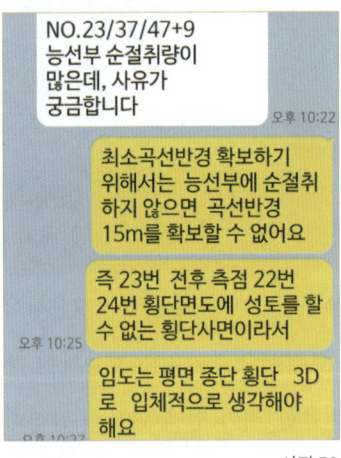

사진 50

감리원(○○○ 산림공학기술자)이 산불진화임도설계 도면에 대해 질문했다.

"왜 측점 23번, 37번, 47+9번의 절취량이 많은가요?"

절취량이 많다는 것은 해당 측점에서 절토고가 높다는 의미이다.

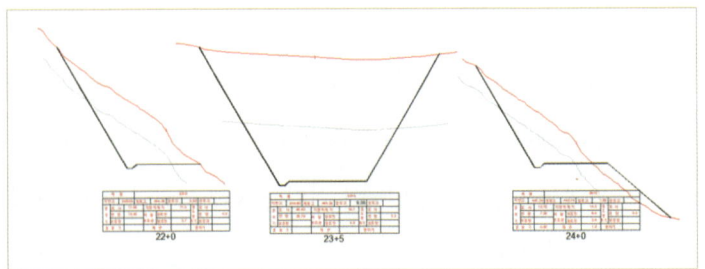

그림 9

위 그림 9는 질문자가 언급한 측점 23+5번의 횡단면도이다. 해당 지점의 절취고는 9.38m이다. 단순히 측점 23+5번의 횡단면도만 보고 과다 절취라고 판단해서는 안 된다. 임도 개설 후의 3차원 공간을 종합적으로 고려해야 하며, 측점 23+5 전후 지점의 단면도를 함께 검토하여 시공 가능 여부를 판단해야 한다.

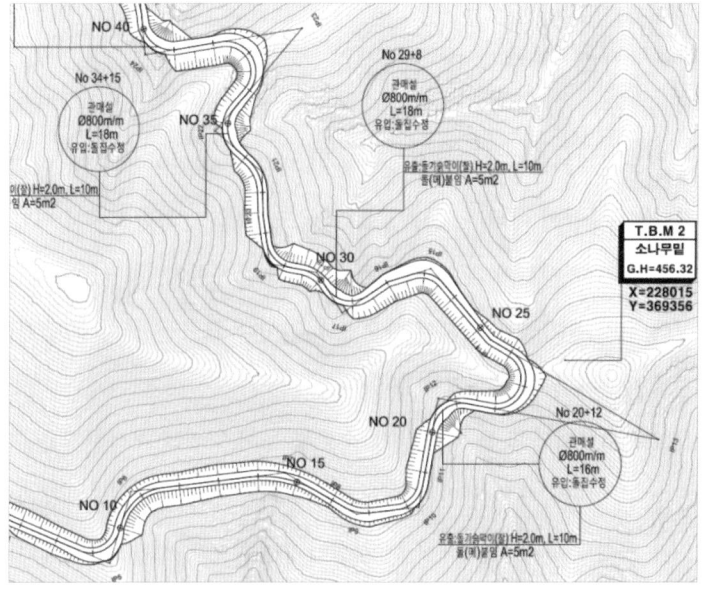

도면 39

평면도를 보면 측점 23+5지점은 능선부에 해당한다. 이 지점에서 평면중심선의 곡선반경을 15m로 계획하였으며, 이는 산불진화 임도 시설기준에서 정한 일반지형 기준의 최소반지름 값이다.

측점 23번 능선부에서는 횡단면도를 우선적으로 계획한 것이 아니라, 평면도상에서 중심선 곡선반경을 최우선으로 고려하였다. 평면 중심 곡선반경의 최소반지름 값을 적용한 후, 횡단면의 경사 기울기를 반영하여 종단물매(절성토고)를 계획해야 한다.

측점 22번과 24번의 횡단사면 기울기가 완만하다면 굳이 측점 23+5지점의 절취고를 높게 계획할 필요가 없다. 그러나 해당 지점들의 횡단사면 기울기가 급하여 성토가 어려운 지형이므로, 불가피하게 측점 22번과 24번에서도 성토보다는 절취 위주로 노면을 형성하도록 계획하였다.

임도설계는 3차원 공간을 상상하며 계획할 수 있어야 한다. 이는 결코 쉬운 일이 아니다. 고속도로나 국도의 경우, 횡단면에서 과다 절취나 과다 성토가 계획되더라도 대안이 존재한다. 횡단면도에서 절·성토가 불가능한 구간이 나오면 터널이나 교량을 설치하고, 절·성토 사면에 옹벽을 계획할 수 있다.

고속도로와 국도는 차량 통행 속도를 높이기 위해 곡선반경을 크게 하고 종단물매를 완만하게 계획해야 하는 반면, 임도는 차량 속도가 느려도 되지만, 최대한 현 지형에 순응하도록 꼬불꼬불하게 계획해야 한다.

임도설계 시 터널이나 교량을 계획할 수 있다면 작업이 쉬울 수도 있지만, 그만큼 공사비가 많이 들 것이다. 따라서 임도설계는 토공사 비용을 절감하면서도 건실한 노체가 형성되도록 해야 한다. 횡단사면이 급한 곳에서 절취 위주보다 성토 위주의 노체를 확보하면 초기 비용은 절감될 수 있으나, 장기적으로 산사태 발생 위험이 높아질 수 있다. 성토 위주의 노체 형성은 초기에는 경제적일 수 있으나, 재해 발생의 우려가 크다는 점을 반드시 고려해야 한다.

절취 위주의 임도 노체 형성은 재해 발생 우려가 낮지만, 토공사 비용이 많이 든다. 절취 비용 자체도 높을 뿐만 아니라, 추가적으로 운반 및 처리 비용이 소요된다.

이 임도설계는 라이다 측량을 실시하여 현장과 99% 이상 일치하는 현실지형도를 추출한 후, 종단물매와 중심선을 설정하였다. 이는 임도 시설기준에 적합하게 계획된 것이다.

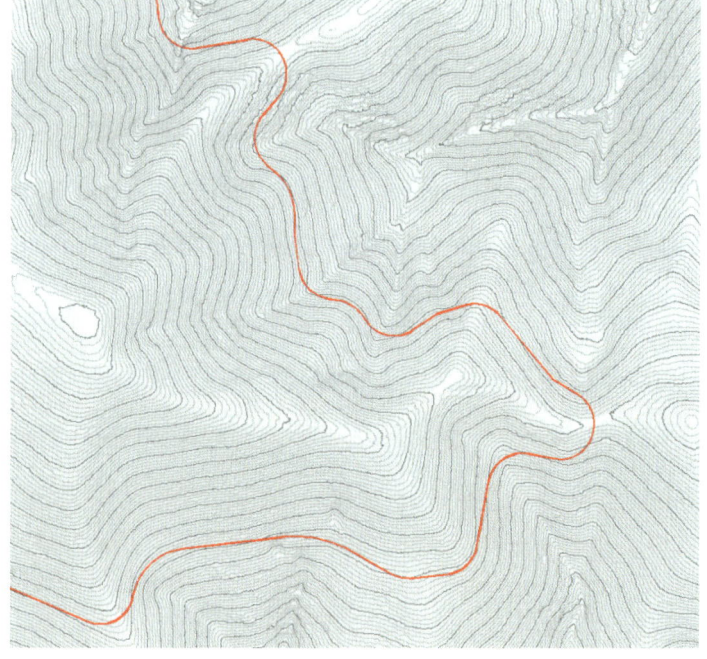

도면 40

과거(현재 대부분의 타 업체에서도 동일하게 적용 중) 임도측량 방식은 현장에서 감각적으로 평면 곡선을 설정하고, 최소반경을 확보할 수 있도록 측점을 선정하는 방식이었다.

이 방식의 문제는, 현장에서 선정한 측점들이 최소반경 기준을 충족하면 문제가 없지만, 측량 데이터가 기준을 만족하지 않을 경우 재측량이 필요하다는 점이다. 그러나 많은 경우, 재측량 대신 기존 데이터를 그대로 사용하여 평면 곡선을 작도하고, 기준에 맞지 않는 곡선반경을 단순히 도면상의 숫자만 수정하는 관행이 이루어지고 있다.

즉, 실제로는 임도 시설기준을 충족하지 않는 상태에서, 눈에 보이는 숫자만 기준에 맞게 조정하는 문제가 발생하고 있는 것이다.

과거에는 나 역시 이러한 방식으로 작업한 적이 있었다. 그러나 이제는 억지로 평면 곡선의 최소반경을 임의로 조정하지 않는다. 라이다 측량을 통해 현실 지형도를 정확히 추출한 후, 임도 시설기준에 맞게 계획을 수립한 뒤 현장에 나가 측설을 진행하기 때문이다.

우수 관로는 물이 꽉 차서 흐르지 않도록 설계해야 한다

산림 임도설계 시 계곡부에는 배수를 위해 관을 매설하는데, 시공의 용이성으로 인해 콘크리트 흄관보다는 파형강관이 주로 사용된다. 콘크리트 흄관은 1본의 길이가 2.5m로 고정되어 있어 절단이 불가능하므로, 관 매설 시 5m, 7.5m, 10m, 12.5m, 15m와 같은 일정한 길이로만 설치가 가능하다.

반면, 파형강관은 현장 여건에 맞춰 7m, 8m, 9m, 10m 또는 8.5m 등의 다양한 길이로 매설할 수 있다. 강관은 길이별로 주문 제작이 가능하며, 필요에 따라 현장에서 절단할 수도 있다. 또한, 관의 길이가 길 경우 커플링 밴드를 이용해 연결이 용이하다.

파형강관의 가장 큰 장점은 시공의 용이성이다. 터파기를 완료한 후 즉시 관을 매설하고 되메우기 작업까지 진행할 수 있어, 도로의 단절 없이 신속한 시공이 가능하다. 그러나 파형강관은 콘크리트 흄관에 비해 자재비가 높은 단점이 있다.

반면, 흄관은 기초 콘크리트 타설 후 관을 매설해야 하며, 관의 길이가 2.5m 단위로 제한되기 때문에 설치에 제약이 따른다. 특히, 임도는 1차로이기 때문에 기초 콘크리트 양생 기간 동안 도로가 단절되는 문제로 인해 공사 진행에 어려움이 많다. 이러한 이유로 임도 개설 시 콘크리트 흄관보다는 파형강관이 선호된다.

배수관의 규격은 매설 지점의 계획 홍수량을 충분히 처리할 수 있도록 선정해야 한다. 계획 홍수량을 정확히 추정한 후, 이를 원활하게 통과시킬 수 있는 적절한 관경을 결정하는 것이 중요하다. 관의 크기가 지나치게 클 경우 불필요한 공사비가 발생하고, 반대로 지나치게 작으면 집중호우 시 배수 문제로 인해 도로 유실 등의 피해가 발생할 수 있다.

우수 처리용 배수관의 통수능력을 계산할 때는 관로가 100% 물로 꽉 차서 흐른다고 가정해서는 안 된다. 관의 크기를 작게 설계하려는 전제를 두는 것이기 때문이다. 실제로 관의 흐름은 만관(滿灌) 상태보다는 부분적으로 채워진 상태, 즉 부분 흐름을 고려해야 한다.

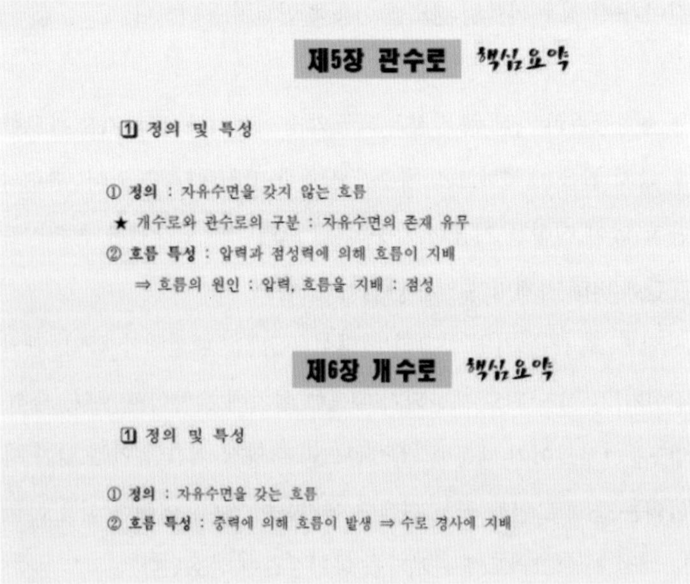

제5장 관수로 핵심요약

① 정의 및 특성

① 정의 : 자유수면을 갖지 않는 흐름
 ★ 개수로와 관수로의 구분 : 자유수면의 존재 유무
② 흐름 특성 : 압력과 점성력에 의해 흐름이 지배
 ⇒ 흐름의 원인 : 압력, 흐름을 지배 : 점성

제6장 개수로 핵심요약

① 정의 및 특성

① 정의 : 자유수면을 갖는 흐름
② 흐름 특성 : 중력에 의해 흐름이 발생 ⇒ 수로 경사에 지배

사진 51

수리학에서 물의 흐름은 수면이 공기와 접하면 개수로, 접하지 않으면 관수로로 구분된다. 개수로는 중력에 의해 물이 흐르고, 관수로는 압력에 의해 물이 흐른다.

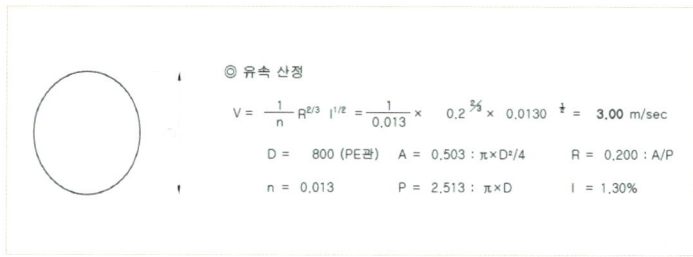

그림 10

그림 10의 유속 산정식은 배수관로의 수리계산서에서 만수위 조건으로 계산된 잘못된 수식이다. 재해영향평가서를 검토하는 과정에서 우수 처리용 배수관의 수리계산서가 이와 같이 만수위로 계산되어 관의 크기가 결정된 것을 확인하였다.

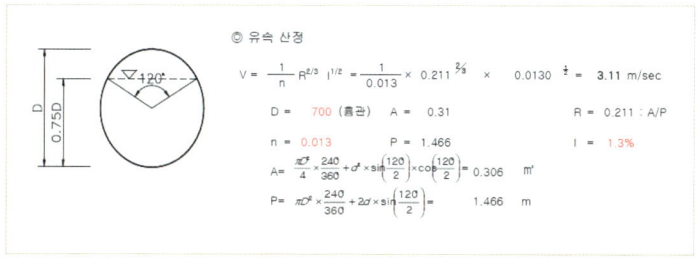

그림 11

배수관은 관수로(만수위) 상태가 될 수 없으므로, 자유수면을 갖는 개수로로 간주하여 관 높이의 70~80% 수준에서 흐르는 조건을 가정하여 수리계산서를 재검토하도록 하였다. 또한, 산지에서는 유목과 토석이 떠내려와 관 유입부를 막는 경우가 많다. 이러한 이유로 산림청에서는 임도의 배수관 최소 관경을 800mm로 규정하고 있다.

비계와 동바리

'비계'라는 단어를 들으면 흔히 돼지 삼겹살을 떠올리기 쉽다. 그러나 여기서 말하는 비계는 건설 현장에서 사용되는 가설공사의 일종이다.

건축물을 지을 때, 벽체 콘크리트를 타설하기 위해서는 거푸집을 조립해야 한다. 이 거푸집 조립과 콘크리트 타설, 그리고 벽체 마감 공사가 원활히 이루어지도록 돕는 가설 구조물이 바로 '비계'이다.

사진에서 볼 수 있듯이, 비계는 건축물 외벽에 강관 파이프 등을 이용해 설치하는 작업용 임시 발판이다. 주로 건축물 시공 시 필요하지만, 토목공사에서도 옹벽이나 석축 시공 등 다양한 작업에서 필수적인 가설공사로 활용된다.

사진 52

공종	설 계 기 준			
비계및동바리	○ 직고 2m이상만 계상 (동바리 제외) ○ 50cm여유를 두고 1m 폭으로 산출함 ※현지여건을 감안하여 적용		비 계	동바리
	공 종	평 면	측 면(단 면)	
	암 거			
	옹 벽 교 대			
	석 축			
	정 통			
	교 각			
	PC빔 T 빔			
	Slab	○ 동바리 : 전면적에 설치 (원지반선기준) ○ 비 계 : 콘크리트 소운반용 [2m * 전연장 * (상판두께 +0.3)] ※ 펌프카사용시 제외		

그림 12

위 그림 12는 「경상북도 설계실무요령」 책자에 수록된 내용으로, 비계와 동바리에 대한 개념을 쉽게 이해할 수 있도록 잘 표현된 자료이다.

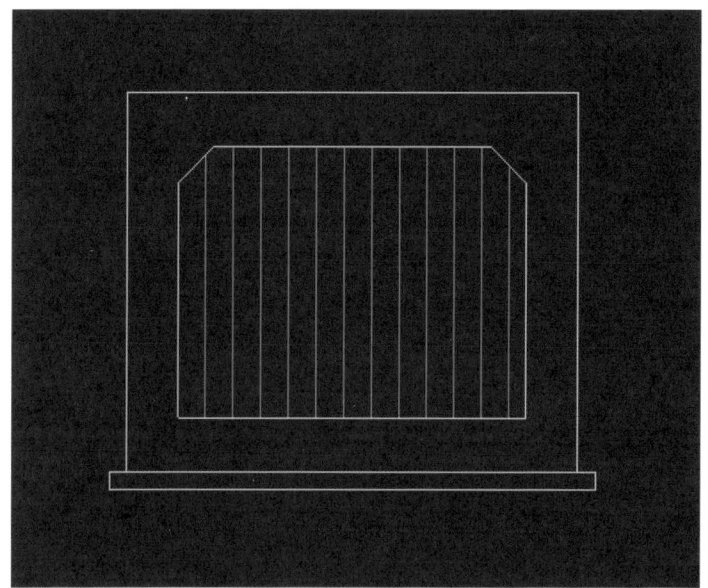

도면 41

도면 41은 암거(BOX) 단면을 나타낸 것이다. 중앙부의 빨간색 해치 부분이 동바리 설치 공간을 의미한다. 동바리는 상부 슬라브에 콘크리트를 타설한 후, 콘크리트가 완전히 양생되기 전까지 상부 슬라브를 지지하는 역할을 한다. 만약 동바리가 없으면 콘크리트가 양생되기 전에 아래로 처지거나 균열이 발생할 수 있다.

동바리는 슬라브와 슬라브 사이에 일정한 공간이 존재할 경우, 해당 공간의 체적을 산출하여 공사량(㎥ 단위)으로 반영해야 한다.

반면, 비계는 지면 기준으로 벽체 높이가 2m 이상일 때 설치가 필요하다. 벽체가 2m 이하일 경우, 일반적으로 작업자가 팔을 뻗어 닿을 수 있어 비계 없이도 거푸집 설치 등의 작업이 가능하다. 그러나 벽체 높이가 2.5m를 초과하면 지면에서 해당 높이까지 비계를 설치해야 하며, 이를 설계 시 전면적으로 반영해야 한다.

많은 설계자들이 비계에 대한 기본 개념을 알고 있지만, 실제로 비계 설치가 어려운 지형에 콘크리트 옹벽을 계획하는 사례도 있다.

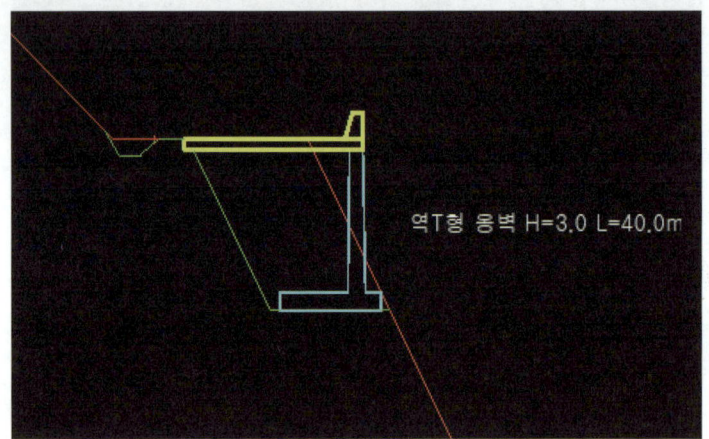

도면 42

사진 53

사진 53은 극한 호우로 인해 임도의 성토사면이 붕괴된 현장을 보여준다. 그러나 ○○설계자는 도면 42와 같이 높이 3.0m의 급경사 성토 비탈사면에 콘크리트 역T형 옹벽을 계획했다. 이를 두고 설계자의 자질이 의심될 수밖에 없다. 과연 이러한 조건에서 옹벽 설치가 가능할까?

해당 성토사면이 붕괴된 곳의 횡단경사는 약 45도에 달한다. 이러한 급경사 지형에서 도면과 같은 옹벽을 시공하려면, 먼저 터파기를 수행한 후 벽체를 세우기 위해 현장에서 거푸집을 제작·조립해야 한다. 이후 레미콘을 타설하는 과정이 진행되어야 하는데, 좌측 편의 경우 비교적 작업이 가능하지만, 문제는 우측 편이다.

우측면 비탈사면은 급경사지로서, 거푸집 조립을 위한 공간 확보가 어렵고, 인력이 서 있기조차 어려운 환경이다. 이곳에서 거푸집을 설치하려면 크레인을 이용해 밧줄을 매달고 작업하는 것 외에는 현실적인 방법이 없다. 더군다나, 높이 3m의 옹벽 시공을 위해 좌측에는 비계를 설치할 수 있지만, 우측 비탈사면에는 비계 설치가 불가능하다.

결국, 옹벽 설계는 도면상으로는 가능해 보이더라도, 실제 시공은 극히 어려울 뿐만 아니라 안전상의 문제도 따른다. 따라서 옹벽 설계 시에는 현장 조건을 충분히 고려하여 실현 가능성을 신중히 판단해야 한다.

비계와 동바리가 무엇인지? 현장 경험이 있는 기술자라면 다들 알 것이다. 건설공사의 기본 요소인 동바리와 비계에 대해서 글을 쓰려니 조금은 수준이 낮은 것 같아 망설였으나, 초보 기술자들에게 도움이 되고자 하는 마음으로 글을 남긴다.

설계 시 할증률 반영은?

한 달여 전(2023년 7월), 도시숲 조성 사업 설계 검토 요청을 받았다. 해당 사업은 산림기술용역 중 녹지조경 분야에 해당한다. 검토 과정에서 한 가지 거슬리는 점이 있었다. 바로 품 할증이 반영되어 있었다. 왜 할증이 적용되었는지 의문이 들어, 설계 도면을 통해 현장 여건을 살펴보았다.

대상지는 차량 접근이 가능한 지역이었다. 다만, 도심지에서 다소 떨어져 있을 뿐이었다. 이런 조건에서 할증을 반영하는 것은 오히려 이상하게 보였다. 이에 대해 설계자에게 "왜 할증을 반영했는가?"라고 질문했다. 설계자는 "그곳의 공무원들이 오지 근무수당을 받고 있어, 노임 할증을 적용했다"라고 답했다.

이에 대해 "그 현장보다 훨씬 더 열악한 산악지의 임도나 사방댐 현장은 수두룩하다. 그런데도 임도와 사방댐 설계에서는 할증을 반영하지 않는다"라고 설명했다. 그러나 설계자는 이미 발주처와 사전에 협의된 사항이라며 설계서를 수정할 생각이 없다고 했다.

건설표준품셈에서는 재료와 노임, 그리고 품의 할증을 적용하도록 명시되어 있다. 재료의 할증은 현장에서 발생하는 손실을 보전하기 위한 목적으로 일부량을 반영한다. 예를 들어, 현장에서 콘크리트를 비빔 타설하기 위해서는 모래, 자갈, 시멘트 등의 재료가 필

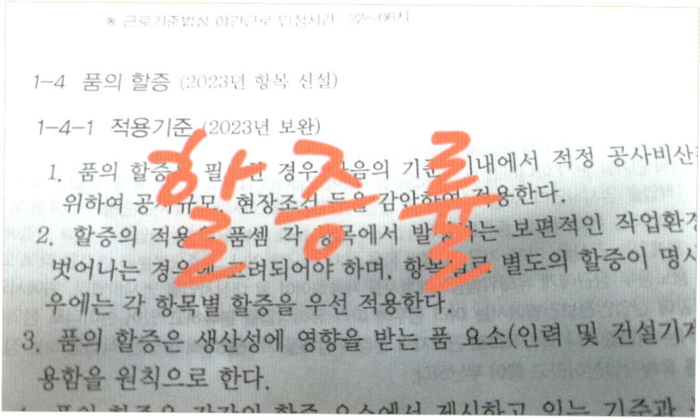
※ 근로기준법상 야간근로 인정시간 22~06시

1-4 품의 할증 (2023년 항목 신설)

1-4-1 적용기준 (2023년 보완)

1. 품의 할증이 필요한 경우 다음의 기준 이내에서 적정 공사비산
위하여 공사규모, 현장조건 등을 감안하여 적용한다.
2. 할증의 적용은 품셈 각 항목에서 발생하는 보편적인 작업환경
벗어나는 경우에 고려되어야 하며, 항목별로 별도의 할증이 명시
우에는 각 항목별 할증을 우선 적용한다.
3. 품의 할증은 생산성에 영향을 받는 품 요소(인력 및 건설기계
용함을 원칙으로 한다.

사진 54

요하며, 이 재료들은 운반 과정에서 차량에 싣고 내리는 과정에서 일부 손실이 발생한다. 비록 미세한 양이지만, 이러한 손실을 감안하여 재료 할증을 적용한다.

재료별 할증률은 품목에 따라 다르며, 일반적으로 1~5% 범위 내에서 반영된다. 건설표준품셈에서는 수목(식재 나무)에 대해서도 10%의 할증을 반영하도록 규정하고 있다. 그러나 실제 설계에서는 수목식재 시 할증을 반영하지 않는 경우가 많다.

지금까지의 설계 경험에 따르면, 수목 품목에서는 할증을 적용하지 않고, 잔디 품목에 한하여 10%의 할증을 반영하는 것이 일반적이다.

노임 할증은 작업 여건이 열악하거나 위험 요소가 많은 경우, 혹은 작업 시간이 제한되는 상황에서 적용된다. 예를 들어, 고층 빌딩의

유리 청소 작업과 같은 고위험 공종에서는 노임 할증을 반영할 수 있다.

울릉도와 같은 도서 지역에서는 물류 및 접근성의 어려움을 고려하여 울릉군 설계 지침에 따라 30%의 할증률이 적용된다. 이는 지역적 특성을 반영한 합리적인 조치로 볼 수 있다.

품의 할증의 경우, 실제 설계 경험을 바탕으로 등산로(숲길) 설계에서만 적용한 바 있다. 다만, 등산로 현장이 도심지나 차로와 가까운 경우에는 별도의 할증을 반영하지 않았다. 작업 대상지가 도로 접근이 어려워 1시간 이상 도보로 이동해야 하는 경우에만 노임 할증을 적용하였다.

지세별 할증의 경우, 산악지와 야산지를 구분하여 각각의 할증률을 반영하도록 규정되어 있으나, 실제 설계에서는 10~25%의 할증률을 적용하는 것이 일반적이었다.

재료의 할증은 건설표준품셈에서 제시한 기준을 따르면 문제가 발생하지 않으며, 반드시 반영해야 한다. 이를 반영하지 않을 경우, 공사 중 재료가 부족해져 시공 차질이 발생할 수 있다.

반면, 노임 및 품의 할증은 설계자의 판단에 따라 달라질 수 있지만, 과도하게 반영할 경우 발주처의 감시 지적을 받을 수 있으며, 심할 경우 공사비 환수 조치까지 초래할 수 있다. 따라서 할증을 적용할 때는 도보 이동 거리와 소요 시간을 정확하게 산출하는 등 객관적인 근거를 마련해야 한다.

기술사 자격의 전제조건

　이공계열 전공자(종사자)가 취득할 수 있는 자격중에는 기능사, 산업기사, 기사, 그리고 기술사가 있다.

　기능사는 보통 고졸 학력이 있거나 별도의 경력 없이도 취득할 수 있으며, 자격 요건에 대한 제한이 없다. 산업기사는 동일 또는 유사한 분야의 2년제 대학 졸업자이거나 관련 분야에서 2년 이상의 근무 경력이 있어야 한다. 또는 기능사 취득 후 1년 이상의 경력이 필요하다. 기사는 동일 또는 유사 직무 분야의 4년제 대학 졸업자이거나, 4년간의 근무 경력이 있으면 취득할 자격이 주어진다.

　기술사는 해당 기사 자격을 취득한 후 4년 이상의 경력이 필요하며, 자격이 없을 경우 순수 근무 경력 9년이 있어야 한다.

　기술사 자격을 취득하기 위해서는 반드시 실무 경험이 전제되어야 한다. 기사 자격증은 대부분 대학 졸업 후 취득하지만, 대학에서는 주로 이론적인 내용만을 배우기 때문에 실무 경험을 쌓는 데 한계가 있다. 단순히 학교에서 배우는 이론적인 지식만으로는 자격이 주어지지 않는다.

　기술사는 이론적인 기초지식을 바탕으로, 책에서 배울 수 없는 경험을 통한 기술과 지식이 뒷받침되어야 한다.

　나는 산림기술사이다. 현재 산림기술사는 2024년 10월 기준으로 약 200명이 된다. 나 역시 비전공 산림기술자이다. 하지만 산림공학(토목) 분야에서 나는 산림 전공자들보다 실력이 떨어지지 않는다. 임도 및 사방공학은 토목공학 이론을 바탕으로 하기 때문이다. 전국에 있는 산림기술사 중 일부는 비전공자가 있다. 정확한 숫자는 모르지만, 그 중 일부는 기술사 시험을 준비하며 오직 기술사 자격 취득을 목표로 공부한 경우도 있다.

　기술사 자격 조건에 해당하는 최소 경력 4년은 유사 경력일 수도 있고, 때로는 허위 경력(자격 대여 또는 재택근무 조건) 일 수도 있다. 분명히 기술사 시험에 나오는 이론과 실무는 다르다. 실무 경험이 부족한 산림기술자들은 기사 자격증을 가진 기술자들보다 업무 처리 능력이 부족할 수 있다.

　나 또한 마찬가지이다. 숲 가꾸기 사업 등 산림 경영 분야에서는 내 실력이 다소 부족하다고 느낀다.

길을 열고

숲을 살리다

[5장]

변화와 공존, 숲과 임도의 새로운 미래

- 임도설계용역 추가 업무(산림조사서) 산출의 모순
- 임도설계용역 시 산림조사서 작성 비용은?
- 종단경사 36%인 도로에서 차량 통행이 가능할까?
- 임도 최소곡선반지름
- 임도 배향(헤어핀)곡선의 반지름
- 임도설계 시 암반 분류하자
- 임도에서 최소 관규격을 낮추자
- 임도설계는 조작을 해야 한다 ①, ②, ③
- 임도 준공 도면만큼은 제대로 작성하자
- 산불예방임도(산불진화임도) 시설기준은?
- 임도 시설기준 개정이 필요하다
- 임도시설단비의 현실화가 시급하다

임도설계용역 추가 업무(산림조사서) 산출의 모순

산림분야에서 숲가꾸기 사업의 설계용역비는 실비 정액 가산 방식으로 산정한다. 임도 및 사방사업의 설계용역비는 공사비 요율에 의한 방식으로 산정된다.

얼마 전(2020년 11월) 경상북도 산림환경연구원 북부 지원에서 발주하는 임도설계용역에 대한 입찰 건이 G2B에 공고되었으나, 그 결과 낙찰되지 않았다.

이번 설계용역비 추가 업무비용이 반영되었다. 엔지니어링 사업 대가의 기준 제17조에는 추가 업무비용에 관한 내용이 있다. 해당

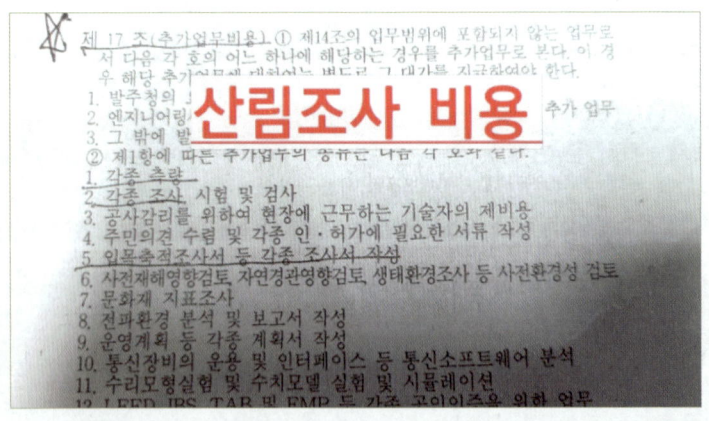

사진 55

설계 용역과 수반되는 업무 범위에 포함되지 않는 업무에 대해 별도의 대가를 지급해야 한다. 임도는 산지에 개설되므로, 산지관리법에 따른 산지일시사용신고(허가)서를 시장군수에게 제출해야 한다. 임도를 개설하려면 산림조사서가 필요하다. 산림조사서 작성은 추가 업무에 해당된다.

산림청에서는 산림조사비용에 대한 산출 근거를 만들지 않았다. 다만, 숲 가꾸기 사업의 표준지조사 산출 근거는 존재한다. 숲 가꾸기 사업에서는 전체 편입 산지 면적의 1% 이상을 표준지 면적으로 산출한다. 그러나 산림조사서에서는 편입 산지 면적의 5% 이상을 표준지 면제로 산출해야 한다.

표 7

□ 실시설계비	42,550,000	원				
가. 실시설계비	42,484,000	원				
나. 산림조사	66,000	원				
- 직접인건비(고급)	0.175인	×	224,376원	=	39,266원
- 직접인건비(초급)	0.175인	×	154,454원	=	27,029원
□ 손해배상보험료 :	411,000	원(1단계공제료+2단계공제료)*발주기관부담금99%				
		1단계:공급가액 × 0.816% + 0.131% × 0 / 365				
		2단계:공급가액 × 0.16%				
부가가치세 :	4,296,000	원				
설계용역비 계 :	47,257,000	원				

표 8

 이번 임도설계용역비에 산림조사비용을 산출할 때, 숲 가꾸기 사업의 1% 표준지조사 비용의 직접 인건비만 반영하였다. 이 비용은 전체 용역비의 1.6%에 해당하며, 그 금액은 6만 6천 원에 불과하다. 직접 인건비는 5배를 반영해야 한다. 숲 가꾸기 사업에서는 표준지 면적이 1%이고, 산림조사서 표준지 면적은 5%이기 때문이다. 여기에 제경비와 기술료를 반영하지도 않았다. 만약 제대로 산출한다면, 66,000원 × 5배 × 제경비 110% × 1.2배 (기술료) = 83만 원이 산출된다. 또한, 산지 편입 면적이 2,000㎡ 미만이라면 전수조사해야 하므로 표준지조사보다 더 많은 인건비가 소요된다. 지금까지 임도설계용역을 진행하면서 산림조사서를 공짜로 해 주었다. 대가를 받지 않으니 제대로 산림조사를 하지 않았고, 목측으로 수고와 직경을 측정할 수밖에 없었다. 또한, 나무 본 수는 개략적인 편입 부지를 가정하여 계산하였다. 이번에 추가 업무 대가를 지급했다는 생색을 내는 잘못된 산출 비용 근거는 다음번에는 오류가 없었으면 한다. 몇 푼 줄 바에는 아예 주지 않고 산림조사서를 요구하는 것이 나을 것이다.

임도설계용역 시 산림조사서 작성 비용은?

임도 편입 부지는 대부분 '임야' 지목을 가진 산지이다. 임도를 개설할 경우 산지를 전용하지 않으며, '임도' 역시 산지에 포함된다. 일반적으로 국도, 고속도로, 농로 등의 도로는 지목이 '도로'로 변경된다. 이런 도로 개설에서 산지가 편입될 경우 산지 전용에 따른 서류를 첨부하고, 산지 전용 신청 절차가 진행된다. 하지만 임도의 경우 도로로 지목이 변경되지 않으며, 산지 전용을 할 필요가 없다. 그럼에도 불구하고 임도를 시공하는 동안 형질 변경이 일어나므로, 토사 절취가 발생하는 등의 이유로 형질이 변경된다. 임도공사 중에 산지가 일시적으로 다른 형태로 사용되기 때문에, 임도공사 전에는 산지 전용 신청서가 아닌 산지일시 사용신고 서류가 필요하다.

산지 전용과 산지일시 사용에 기본적으로 필요한 서류는 몇 가지가 있다. 그중 가장 대표적인 것이 산림조사서이다. 산림조사서는 편입되는 산지의 입목 축적, 나무 수종, 경급, 수고, 임령 등을 알 수 있다.

엔지니어링 사업 대가 기준에서 설계 용역과 감리 비용 산출 방식을 설명하고 있다. 크게 실비 정액 가산 방식과 공사비 요율에 따른 방식이 있다. 산림 분야에서 숲 가꾸기 사업, 재선충병 방제사업,

조림, 풀베기 등 산림 경영 분야의 용역비 산출은 실비 정액 가산 방식을 사용한다. 산림청에서 ha당 실비 정액 방식으로 기준을 정하였다.

반면, 사방사업, 임도 등 산림공학 분야는 공사비 요율 방식으로 적용하고 있다. 특히 임도설계용역 시, 발주처에서는 산지 일시 사용신고서에 필요한 산림조사서 작성을 요구하고 있다. 주로 수의계약에 의한 설계 용역을 체결하다 보니, 비용을 받지 않고 해 주고 있는 실정이다. 엄밀히 말하면, 산림조사서 작성은 엔지니어링 사업대가 기준 제17조 추가 업무비용에 해당된다. 따라서 산림조사서 작성에 대한 대가는 지급되어야 마땅하다. 그러나 발주처에서는 이를 지불하지 않는다.

일반 도로, 국도의 설계에서는 토목설계용역사에게 산림조사서 작성을 의뢰하며, 그 대가를 지불하고 있다. 발주처가 토목설계용역사에게 그 대가를 지불하는 경우도 있지만, 사소한 금액은 지불하지 않는 경우도 있다고 들었다.

임도설계용역은 산림용역업에 등록된 업체에서 수행해야 하므로 산림조사서 작성을 할 수 있다.

임도설계 시 공짜로 제공되는 산림조사서의 비용은 나무 수종, 수고, 직경 조사를 임도측량 시 동시에 진행하는 경우가 많다. 그러나 이는 약식으로 진행할 수밖에 없다. 임도 편입지 전반에 대해 모든 수종을 대상으로 흉고 직경을 측정하는 데는 상당한 비용이 소요된다. 수종별 본수는 카운팅할 수 있지만, 임도 편입 경계는 임도측량

사진 56

시 정확히 알 수 없다. 경계 부지는 임도설계도면이 완성된 후에야 정확히 설정할 수 있으며, 대체로 가상 경계선을 설정하여 나무 본수를 추정하는 방식으로 진행된다.

또한 임도공사의 발주처는 산림조사서 비용을 지불하지 않으면서 임도 부지 경계 표시를 요구하는 경우가 많다. 이는 발주처의 무리한 요구라고 할 수 있다.

임도설계를 맡은 용역사가 산림조사서 작성 비용을 받았다면 현장에서 임도 부지 경계 표시를 해야 한다. 그러나 임도설계용역비에 산림조사비용을 지불하지 않으면서 경계 표시를 요구하는 것은 발주처의 횡포에 해당한다고 볼 수 있다.

종단경사 36%인 도로에서 차량 통행이 가능할까?

임도 규정은 '산림자원조성 및 관리에 관한 법률 시행규칙 제5조 [산림관리기반시설의 설계 및 시설기준]'에 명시되어 있다. 임도 규정을 벗어나 설계한다면 이는 불법 행위가 된다. 법을 위반하면 경고나 벌점 등의 제재를 받을 수 있다.

2년 전, 임도설계용역에서 종단기울기 오차가 1% 발생하여 산림기술법에 따라 설계자가 벌점을 받은 적이 있었다. (시공자가 이의를 제기했을 때 발생한 일이다.) 임도 규정을 위반한 것도 아니고 단지 측량 오차가 있었다고 해서 벌점을 받았지만, 산림법에서 명시된 임도 규정을 어기면서 설계했다면 당연히 벌점, 자격정지 등 제재를 받아야 한다.

「도로의 구조·시설 기준에 관한 규칙」 해설

설계속도 (킬로미터/시간)	최대 종단경사(퍼센트)							
	고속도로		간선도로		집산도로 및 연결로		국지도로	
	평지	산지	평지	산지	평지	산지	평지	산지
120	3	4						
110	3	5						
100	3	5	3	6				
90	4	6	4	6				
80	4	6	4	7	6	9		
70			5	7	7	10		
60			5	8	7	10	7	13
50			5	8	7	10	7	14
40			6	9	7	11	7	15
30					7	12	8	16
20							8	16

표 9

위 표 9는 도로의 종단 경사에 대한 규정을 나타낸 것이다. 일반적으로 고속도로는 최대 5% 내외이고, 국도는 최대 8~9%이다. 종단경사 5%는 수평거리 100m에서 수직높이 5m 차이가 나는 오르막(내리막)을 의미한다. 즉, 고속도로에서 5%는 거의 평지에 가까운 수치이다. 오르막 구간이 없으면 차량이 고속으로 달릴 수 있다.

(1) 종단기울기

설계속도(km/시간)	종단기울기(순기울기)	
	일반지형	특수지형
40	7% 이하	10% 이하
30	8% 이하	12% 이하
20	9% 이하	14% 이하

비고 : 지형여건상 특수지형의 종단에 기울기 기준을 적용하기 어려운 경우에는 노면포장을 하는 경우에 한하여 종단기울기를 18퍼센트의 범위에서 조정하여 행할 수 있다.

표 10

산악 도로인 임도에서는 최대 18%까지 종단경사를 허용하고 있다. 이는 노면에 콘크리트 포장을 하는 경우에 해당된다. 비록 지형이 열악하긴 하지만, 임도설계 종단물매 계획을 36%로 그린 도면을 본 적이 있다. 분명히 산림청에서 정한 임도 규정이 있음에도 불구하고, 그것도 1~2%도 아니고 최대 허용 경사인 18%의 두 배에 달하는 36%로 계획한 것이다. 과연 36% 종단경사에 콘크리트 포장을 한다고 해도 차량 통행이 가능할까? 일시적으로는 가능할 수도 있다. 그러나 초보 운전자는 운전하기 어려울 것이다. 비가 오거나 눈이 쌓일 경우, 운전에 능숙한 사람이라 하더라도 통행하기 힘들 것이다. 차라리 임도를 개설하지 않는 것이 낫다고 생각된다.

2021년 11월 3일, ☆☆ 지자체의 임도 타당성 평가를 위해 현장에 나갔다. 이곳은 2024년 4월에 이미 방문한 적이 있어 임도 시점부 주변 지형에 대해 잘 알고 있는 곳이다. 이미 개설된 임도는 2년 전 ○○산조에서 임도측량, 설계, 시공까지 완료된 것으로 알고 있다. (당시 임도설계자는 이미 퇴직했다.)

현재 개설된 임도 종점부에서는 약 400m 구간의 벌목 작업이 이루어진 상태이다. 그중 약 100m 구간은 거의 절벽에 가까운 급경사

사진 57

구간이다. 이 구간은 도상에서 나타나지 않는다. 추측건대, 임도설계는 완료되었고 벌목 작업이 진행되었으나, 실제로 굴삭기를 투입해 시공하는 과정에서 암반 절취에 많은 비용이 소요되고 위험 요소가 많았기 때문에, 설계 변경을 거쳐 임도 거리가 축소된 것으로 판단된다.

임도는 일단 개설하면 영구적인 구조물이 된다. 노선 선정에 있어 신중함을 강조하지만, 임도설계 초보자에게는 그 중요성을 알기 어렵다. 임도의 가장 중요한 요소는 종단물매이다. 횡단 경사가 급하면 시공비용이 많이 들지만, 종단경사는 개설 후 수정하기 거의 불가능하다.

☆☆ 지자체 임도의 현실은 마치 30년 전으로 돌아간 듯한 느낌이다. 1990년대는 우리나라에서 임도가 처음 도입된 초창기였다. 이 안타까운 현실을 마주하니 답답한 마음이 들고, 산림공학의 발전은 커녕 도리어 퇴보하는 상황에 대해 심히 걱정된다.

임도 최소곡선반지름

　　임도는 산림기반시설기준에 준하여 설계하고 시공해야 한다. 산림기반시설기준에 따르면 임도의 최소곡선반지름은 일반지형에서 15m, 특수지형에서는 12m로 명시되어 있다. 또한, 배향곡선의 경우 반지름은 10m 이상으로 설치해야 한다. 단곡선의 최소반지름을 12m로 기준을 정했는데, 배향곡선에 대해 10m로 기준을 완화한 것은 다소 부자연스러운 점이다. 차라리 임도의 최소반지름을 10m 이상으로 통일하는 것이 더 적합할 것이다.

　타 업체에서 설계한 임도의 시공 감리를 맡게 되었는데, 설계 검토를 위해 CAD 파일로 확인한 결과 첫 번째 I.P의 곡선반경이 7m 미만으로 설계되었다. 곡선제원표에서는 반지름을 강제로 12m로 기입한 상태였다. 임도 기준에 따르면 최소 12m 이상의 반지름이 필요하다. 이 구간의 종단기울기는 17.5%로 오르막 경사가 급한 편이다. 차량이 직선 구간에서 오르막을 주행할 때와 곡선 구간에서 오르막을 주행할 때를 비교하면, 당연히 곡선 구간에서 오르막 주행이 더 어렵다. 이는 바로 물매곡율비 때문이다. 물매곡율비(R/i) 값이 작을수록 차량 주행이 어려운 것을 의미한다.

　도면 43에서 표시된 35번 국도는 현재 4차선 터널이 새로 개설되어 폐도 수준이 되어, 차량 통행이 거의 없는 도로이다. 임도 시점은 기존 도로에서 임도가 시작되며, 오르막으로 설계되었다. 임도에

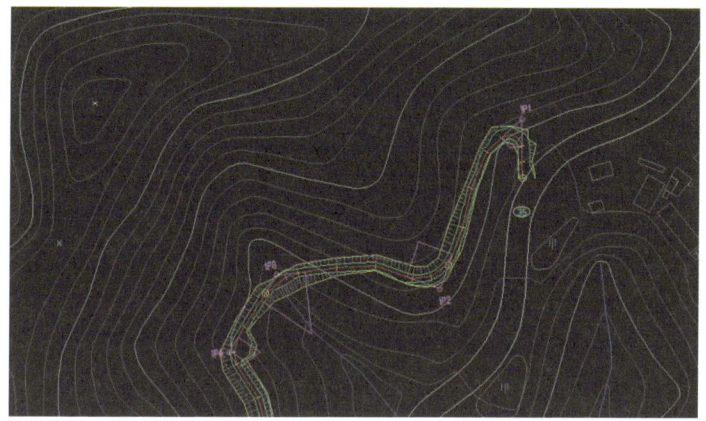

도면 43

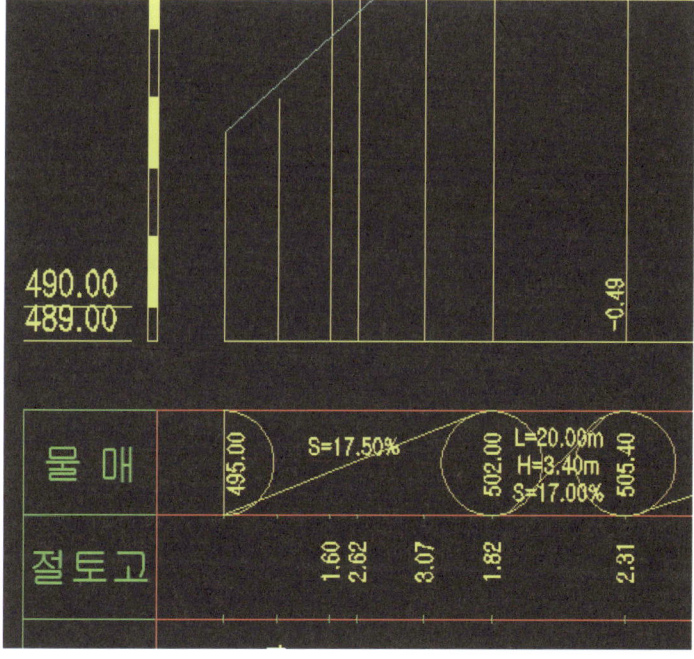

도면 44

진입하자마자 곧바로 반경 6.5m의 곡선을 좌측으로 회전하도록 계획되어 있다. 소형 차량은 통행할 수 있지만, 레미콘 차량이나 덤프트럭은 한 짐을 싣고 주행하기 어려울 것이다. 어쩌면 불가능하다고 보는 것이 맞을 것이다.

17% 경사를 오르기에도 힘든 데다가, 곡선반경 6.5m의 급커브를 회전하기에는 사고 발생 위험이 크다. (여기서 물매곡율비(R/i) = 6.5 ÷ 17 ≒ 0.4이다.) 이런 설계 도면을 계획한다는 현실은 산림공학의 발전은커녕, 오히려 후퇴하는 결과를 낳고 있다.

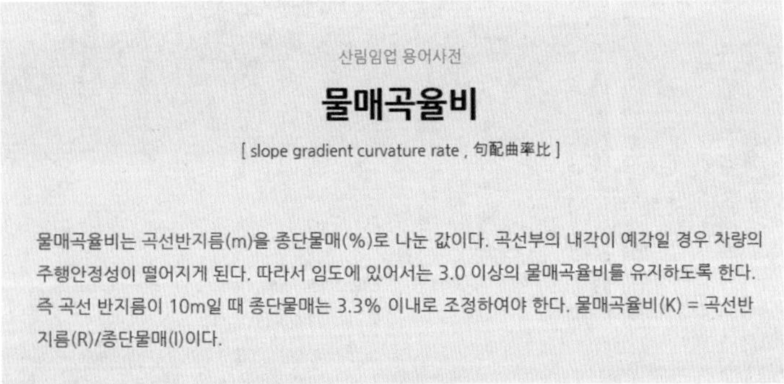

산림임업 용어사전

물매곡율비

[slope gradient curvature rate , 句配曲率比]

물매곡율비는 곡선반지름(m)을 종단물매(%)로 나눈 값이다. 곡선부의 내각이 예각일 경우 차량의 주행안정성이 떨어지게 된다. 따라서 임도에 있어서는 3.0 이상의 물매곡율비를 유지하도록 한다. 즉 곡선 반지름이 10m일 때 종단물매는 3.3% 이내로 조정하여야 한다. 물매곡율비(K) = 곡선반지름(R)/종단물매(I)이다.

사진 58

제발 기본에 충실한 임도설계를 하길 바란다.

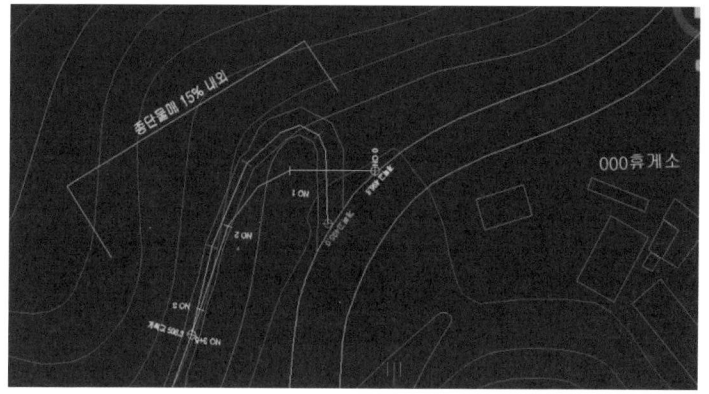

도면 45

도면 45처럼 노선을 변경하자고 감리 의견으로 제출했다. 당초 시점부를 국도 위쪽으로 약 15m 옮기고 곡선반경을 최대한 크게 하여 기존의 측점 4번으로 연결하는 노선을 제시하였다. 그로 인해 노선 거리는 대략 15m 짧아지고 종단물매는 약 15%가 되도록 했다. 당초 설계안보다 차량 통행에는 유리하다. 임도 곡선반경은 최소 12m 이상으로 계획하고 물매곡율비(R/i)를 고려하여 설계해야 한다.

임도 배향(헤어핀)곡선의 반지름

2022년도 10월에 작업임도설계용역을 계약하였다. 2023년도에 시공할 대상지 임도이다. 진솔산림기술사사무소에서 설계할 임도는 2022년도에 시공 중인 노선의 연장이다. 설계 용역 당시(2022년 11월) 공사는 아직 완료되지 않았지만, 노체 개설 임도 노면은 거의 완성된 단계였다. 2022년도 시공 종점부에서 2023년 시공할 임도노선을 측량해야 했다. 2023년도 시공 예정 노선 주변에 라이다 측량을 실시하였다.

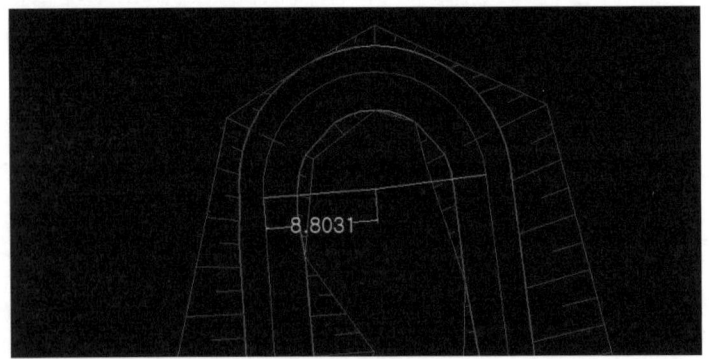

도면 46

2022년도 노선의 종점에는 배향곡선(헤어핀곡선)이 시공되어 있었다. 2022년도 시공분 설계는 A업체에서 하였다.

산림기반시설기준에는 최소곡선반지름은 12m 이상이어야 하며,

배향곡선 시에는 곡선반지름이 10m 이상이어야 한다고 규정되어 있으나, 실제 설계 도면에서는 8.8m로 그려져 있었다. 다만 곡선제원표에서 강제로 12m로 숫자를 수정한 상태였다.

IP	IA	R	TL	ES	CL	B C	E C
16	54	26.07	13.28	3.19	24.57	NO23 + 0.17	NO24 + 4.75
17	177	12.80	336.18	327.49	27.19	NO25 + 17.24	NO27 + 4.44
18	20	12.00	2.12	0.19	4.19	NO27 + 17.88	NO28 + 2.07

표 11

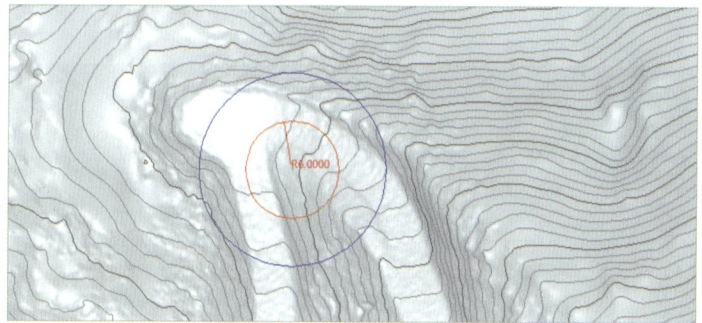

도면 47

임도공사 완료된 후, 라이다 측량을 통해 확인한 결과, 곡선반경이 6m 내외로 확인되었다.

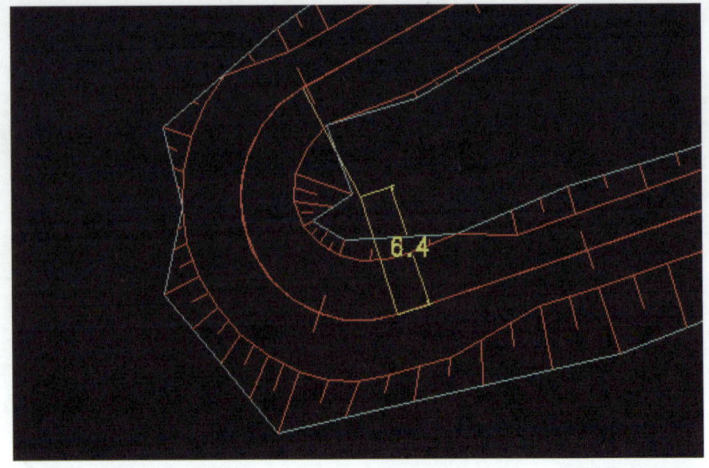

도면 48

IP	IA	R	TL	ES	CL	BC	EC
1	45	59.46	24.63	4.90	46.70	N00 + 13.51	N03 + 0.21
2	15	73.32	9.65	0.63	19.20	N06 + 6.41	N07 + 5.61
3	19	30.00	5.02	0.42	9.95	N08 + 14.98	N09 + 4.93
4	81	37.61	32.13	11.85	53.18	N013 + 16.55	N016 + 9.73
5	48	34.17	15.43	3.28	29.04	N016 + 13.66	N018 + 2.70
6	22	15.00	2.92	0.28	5.76	N018 + 17.08	N019 + 2.84
7	55	15.00	7.81	1.91	14.40	N020 + 2.19	N020 + 16.59
8	38	20.00	6.89	1.15	13.26	N021 + 13.11	N022 + 6.38
9	170	11.95	73.72	67.55	19.14	N024 + 10.17	N025 + 9.31
10	18	30.00	4.75	0.37	9.42	N026 + 15.25	N027 + 4.67

표 12

그림 13은 또 다른 B업체에서 작업한 임도설계도면과 시공 후 측정한 곡선반지름을 비교한 그림이다.

K지역(A업체 설계)과 G지역(B업체 설계)의 작업 임도에서 헤어

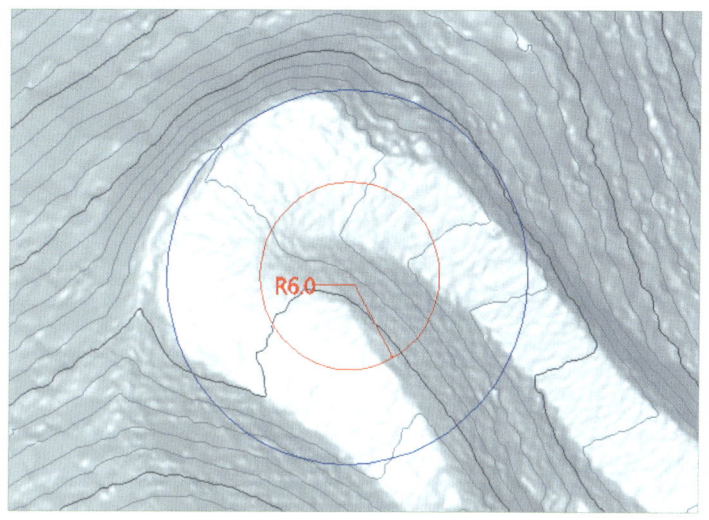

그림 13

핀 곡선은 횡단 경사가 급한 구간에 설계되었다. 두 구간 모두 설계 도면에 표시된 위치에서 헤어핀 곡선 시공이 불가능하여, 위치를 조금 이동시켜 억지로 헤어핀 곡선을 시공했다. 이는 시공자의 잘못이 아니다. 설계자의 실수라고 할 수 있다.

헤어핀 곡선(배향곡선)은 일반적으로 작은 봉우리를 감고 돌거나, 횡단사면 경사가 완만한 곳(최대 횡단 경사 50%)에서 시공이 가능하다. 그러나 설계도면은 횡단 경사가 약 70%인 곳에서 헤어핀 곡선을 강제로 설계했다. 더욱이 곡선반경은 6.4m, 8m로 설정되었는데, 이는 규정에 맞지 않는다. 규정을 어기고 곡선반경이 6~8m로 설정된 것은 현지 여건을 고려하여 실제 도면에서 수정한 값으로, 곡선 제원표에서는 숫자만 수정되었을 뿐이다. (CAD 파일에서 확인하면 금방 알 수 있다.)

물론 나 역시 과거에 헤어핀 곡선의 경우 최소반지름 10m, 단곡선의 경우 최소반지름 12m가 확보되지 않으면, CAD에서 실제 곡선반지름은 10m 이하로 나오고, 곡선제원표의 숫자만 수정한 적이 몇 번 있었다. 현장 조사 시 곡선반경 기준에 맞게 측량했으나, 작도 과정에서 반경이 12m가 나오지 않아 수정을 한 것이다.

대다수의 산림용역업체는 현재 간이측량기구(콤파스, 클리노미터)를 이용해 임도측량을 진행하고 있다. 간이측량 방법은 현장에서 곡선 최소반지름을 12m 이상 확보하지 않으면, 위와 같이 엉터리나 모순되는 설계 도면이 그려질 수밖에 없다. 따라서 현장에서 곡선반경이 임도 규정에서 정한 값 이상이 되도록 측량해야 한다.

그간의 경험에 따르면, 능선부에서는 과감히 절취하고, 계곡부에서는 지나칠 정도로 성토해야 규정에서 정하는 최소곡선반지름을 확보할 수 있는 경우가 많았다.

2021년 10월, 라이다(LiDAR)를 구입한 후, 현지 지형 분석을 3D로 완벽하게 (정확도 95% 이상) 작성한 후 임도 예정 노선을 선정한다. 정확한 지형도를 기초로 하여 실제 CAD에서 최소반지름 12m(헤어핀 곡선의 경우 10m)를 확보할 수 있도록 예정 노선을 작도한 후, 최종적으로 임도 중심선 측설(측량)을 위해 현장에 나간다. 이 과정에서 임도 최소반경을 확실히 확보할 수 있다.

2023년 1월 현재, 임도의 종류는 크게 세 가지로 분류된다: 산불진화임도, 간선(지선)임도, 작업임도. 세 종류의 임도 모두 산림기반시설기준에서는 최소곡선반지름을 12m로 동일하게 규정하고 있다. 하지만 임도의 종류에 따라 최소반지름을 달리 설정할 필요성이 있다.

작업 임도는 소형 자동차와 2.5톤 트럭이 통행할 수 있으면 충분하다. 반면, 산불진화임도는 소방차 등 대형 차량이 통행해야 하므로, 임도의 최소반지름은 작업임도 10m, 간선(지선)임도는 현 기준대로 12m, 산불진화임도는 15m로 변경할 필요가 있다.

「임도설치 및 관리 등에 관한 규정」 일부개정훈령안 검토의견

개 정 안	수 정 안	검 토 의 견
(별표 7) 산불진화임도 시설기준(제2조제4호 관련) 2. 산불진화임도의 시설기준 다. 곡선 반지름 (1) 곡선부 중심선 반지름 곡선부의 중심선 반지름을 다음의 규격이 상으로 설치하여야 한다. 다만, 내각이 155° 이상이 되는 장소에 대하여는 곡선을 설치하지 아니할 수 있다. 설계속도(km/시간) / 최소곡선반지름 (일반지형 / 특수지형) 40 / 60m / 40m 30 / 30m / 20m 20 / 15m / 12m	(별표 7) 산불진화임도 시설기준(제2조제4호 관련) 2. 산불진화임도의 시설기준 다. 곡선 반지름 (1) 곡선부 중심선 반지름 곡선부의 중심선 반지름은 최소15m이상이 되어야 한다. <표 삭제>	<김영제 기술사> 일반지형과 특수지형의 정의가 되지 않은 상태이므로 설계속도별, 지형별로 최소반지름을 구분하는 것은 무의미함 실무(실시설계)에서는 산불진화임도의 경우 최소반경 15m, 간선임도 12m이상이 되도록 작성하고 있는 실정이며, 작업임도, 간선임도, 산불진화임도순으로 임도규격(유효노폭 등) 크므로 차량의 통행에서도 더욱 원활하도록 곡선반지름의 차별이 있어야 할 것임 또한, 임도종류별 최소곡선반지름은 다음과 구분 할 필요가 있음 - 작업임도 10m, 간선임도 12m, 산불진화임도 15m

표 13

산불진화임도에 관련된 훈령개정(안)에 대해 최소곡선반지름에 대한 검토 의견을 산림청에 제출하였다. 그러나 이외에도 불합리한 임도시설기준이 몇 가지 더 존재한다. 종단기울기에 관한 내용 역시 마찬가지이다.

산림청은 산림기반시설기준 개정의 필요성을 충분히 인식하지

못하는 듯하다. 이는 많은 산림공학기술자들이 관심을 갖지 않기 때문이 아닌가 생각된다. 임도의 발전을 위해서는 더 많은 산림공학기술자들이 임도 기초지식을 이해하고 이에 대한 관심을 가져야 할 것이다.

임도설계 시 암반 분류하자

임도설계를 처음 시작한 것은 1995년이었다. 산림조합중앙회에 입사한 후 임도설계 업무가 주된 업무가 되었다. 당시에는 임도개설이 본격적으로 시작되는 단계였고, 산림청에서 임도 규정과 설계 지침이 아직 제대로 정비되지 않은 상황이었다. 지금도 임도 규정(산림기반시설 설치 및 설계 기준)에 미흡한 점이 많다고 생각한다.

현재(2023년) 임도설계용역은 산림용역업체(생태공학업체)에서 수행할 수 있다. 2000년 이전에는 임도설계가 오직 산림조합중앙회에서만 이루어졌고, 산림조합중앙회 각 시도의 지회와 엔지니어링사업부에서만 임도설계를 담당하였다.

임도설계 지침은 산림조합중앙회에서 직접 제작하여 산림청 명의로 배포된 것으로 기억하고 있다. 그 지침을 보관하고 있지 않아 아쉬움이 남는다.

1995년 임도설계를 할 때 [임도설계지침]에서 암반 절취 단가는 (연암 + 보통암 + 경암) ÷ 3으로 산출된 단가를 적용하라고 되어 있었다. 암반 종류에 상관없이 무조건 세 가지 암반의 평균값을 적용하다 보니 과다 설계가 이루어졌던 것이다. 임도 시공도 산림조합에서 수행하였기에 2000년 이전의 임도공사는 이윤이 괜찮았다.

2010년경부터 설계심사제도가 본격적으로 도입되면서, 2013년 현재 임도설계에서는 대부분 암반 절취 단가를 연암으로 적용하고 있다. 연암 절취 단가는 (연암 + 보통암 + 경암) ÷ 3으로 산출된 단가보다 저렴하다.

임도설계 시 현장에서 시추를 하지 않는다. 시추공을 뚫는 비용이 임도설계 용역비 못지않게 소요되기 때문에 비경제적이기 때문이다. 설계자는 현장에서 주관적인 판단을 통해 암반선을 추정하고, 암질은 대부분 연암으로 반영하여 설계하는 실정이다.

임도 개설 후 비탈 사면에서 보이는 ⅔ 정도는 연암으로 볼 수 있을 것이다. 그러나 일부 구간에서는 경암이 노출되어 있는 경우도 있다.

사진 59

임도설계자는 현장에서 경암이 노출되는 구간에 대해서는 무조건 연암 절취 단가를 적용하지 말고, 보통암 및 경암 절취 단가를 적용해야 한다.

얼마 전, 임도 시공 현장대리인과 통화하면서 '○○임도 40m 노체 개설에 한 달 이상 걸렸다'라고 하소연했다. '그럼 설계 변경 해서 증액을 요구하라'고 했지만, '예산이 없다고 하면서 10% 이내에서 증액을 합의했다'라고 한다.

○○임도 시공을 하면서 이윤 추구는 고려하지 못하고, 적자 금액을 최소화하는 것이 최우선 과제라고 말했다.

임도는 산지 사면의 기울기에 따라 절취량이 달라진다. 산지 경사가 완만할 경우 암반 노출 없이 토사 구간으로 노체를 형성할 수 있다. 그러나 우리나라의 산지형은 대체로 산지 경사가 급해 지표면에서 1m 아래에 암반이 존재하고 있다.

암반은 강도에 따라 풍화암, 연암, 보통암, 경암의 네 가지 종류로 나눈다.

풍화암은 암질 강도가 가장 낮은 암반으로, 불도저 뒷부분에 달린 리퍼로 절취할 수 있는 암반을 주로 풍화암이라고 부른다. 굴삭기 버켓으로 절취하기 어려운 이 암반은 브레이커로 손쉽게 부서지는 특성이 있다.

그리고 흔히 절취된 비탈 사면에서 보이는 것이 연암이다. 연암보다 강도가 더 강한 암반은 보통암과 경암으로 구분된다.

설 계 내

공사명 : 2023년 임도구조개량

공 종	명 칭	규 격	수 량	단위	합 계
					단 가
1.	토공사				
	벌목(위험목)	직경 22~30cm	31	본	137,324
	비탈다듬기	인력	245	m3	54,502
	토사절취	굴삭기 0.7m3	112	m3	2,284
	암(연암)절취	굴삭기07+브레카	149	m3	25,152
	암(보통암)절취	굴삭기0.7m3+대형브레카	552	m3	33,989

표 14

표 14는 진솔산림기술사사무소에서 설계한 모 지역의 2023년 임도 구조개량 설계 내역서이다. 연암과 보통암 수량을 별도로 구분하여 단가를 적용하였다. 물론 강도 측정은 하지 않지만, 육안으로 보았을 때 연암보다 강도가 높은 암반으로 판단되었기에 보통암 단가를 적용한 것이다.

임도 구조개량 공사의 경우, 이미 개설된 임도가 있기 때문에 비탈사면의 암반 종류를 어느 정도 판단할 수 있다. 임도 신설 설계 용역 시에도 노출된 암반 구간이 있을 경우, 무조건 연암 절취 단가를 적용하지 말고 연암보다 강도가 높은 암질이 있다면 보통암이나 경암 절취 단가를 적용해야 한다.

임도에서 최소
관규격을 낮추자

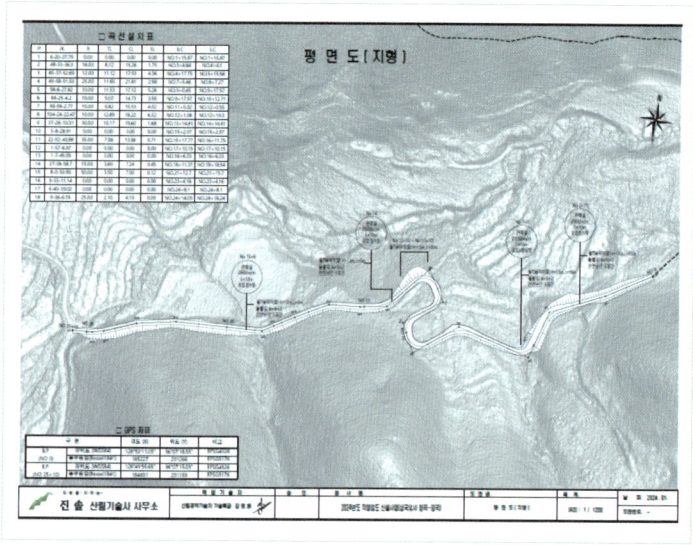

도면 50 임도 평면도

도면 50은 2024년 5월에 설계한 임도평면도이다. 임도의 길이는 약 500m이며, 관 매설은 네 군데의 계곡부에 계획하였다. 임도는 산지에 개설되는 도로로, 작은 계곡에도 배수관을 매설해야 하는 경우가 많다. 집수 면적이 5ha 미만인 곳에도 종종 배수관을 매설하게 된다.

집수면적이 12.7ha인 곳에는 관경 Φ1000mm을 반영하였고, 나머지 3개소는 집수면적이 3ha 미만인 곳으로, 모두 관경 Φ800mm

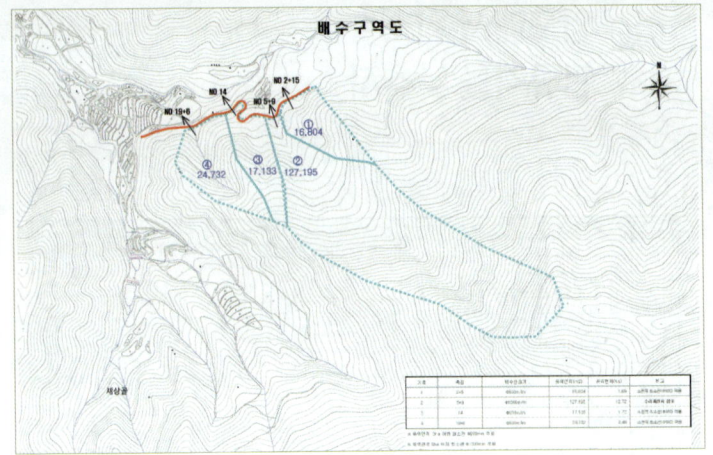

도면 51 배수유역도

으로 반영하였다. 관경 크기는 수리계산서로 결정된다. 도면 2의 4번 집수구역에 대해 관경 결정을 해보자.

Q = 1/360 × C × I × A는 소유역 면적에서 홍수량을 구하는 합리식이다.

유출계수 C = 0.9를 다소 높은 값으로 적용하고, 강우강도 I = 100mm/hr를 적용하며, 집수 유역 면적은 3ha로 설정한다.

따라서 합리식으로 구한 홍수량 Q는 0.75㎥/sec이 된다.

이 합리식은 집수 유역 면적이 100ha 이하일 때, 즉 소면적에 적용하면 무리 없이 사용할 수 있는 공식이다.

배수관의 지름을 Φ600 mm으로 매설한다고 가정하고, 유출량 (관 통과시킬 유량)을 구해보자.

유출량 Q는 Q = AV라는 기본 공식을 사용한다. 여기서 A는 관로에서 유속을 나타내며, V는 유속이다. 만수위로 계산하지 않고 개수로로 적용해야 한다.

배수관로에서 물의 흐름은 개수로로, 최대 수위에서 75%까지 흐른다고 가정해야 한다. 아래 그림 14에서와 같이 유적 A는 0.227㎡로 계산되며, 윤변(P)은 1.257m로 도출된다. 그리고 동수반경(R)은 A/P = 0.23 ÷ 1.26 = 0.18m로 계산된다.

유속 V는 마닝공식인 $V = 1/n \times i^{2/3} \times R^{1/2}$을 사용하여 구한다. 여기서 n(조도계수, 관의 거친 정도)은 0.02로 설정하고, i(동수기울기, 관 매설 경사)는 10%를 적용한다. 이를 통해 유속 V는 5.06 m/sec로 계산되며, 유출량 Q는 A × V = 0.23 × 5.06 = 1.15㎡/sec로 도출된다.

도출된 유출량 Q = 1.15㎥/sec는 홍수량 Q = 0.75㎥/sec보다 약 1.5배 크다. 즉, 집수면적 3ha에서 시간당 100mm의 비가 내릴 경우, 배수관 경도 Φ600 mm에는 최대 빗물을 모두 소화할 수 있다.

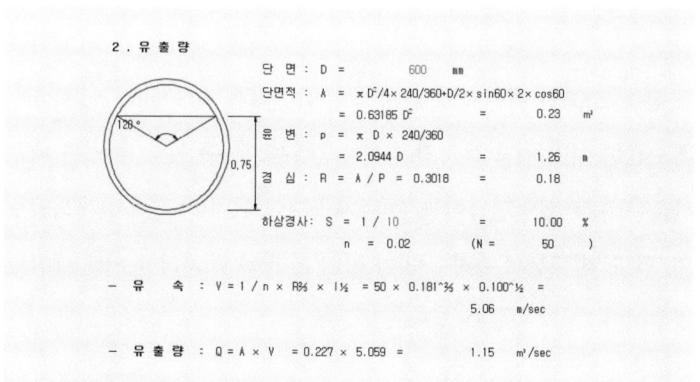

그림 14

> (2) 배수구
> (가) 배수구의 통수단면은 100년빈도 확률강우량과 홍수도달시간을 이용한 합리식으로 계산된 최대홍수유출량의 1.2배 이상으로 설계·설치한다.
> (나) 배수구는 수리계산과 현지여건을 고려하되, 기본적으로 100미터 내외 간격으로 설치하며 그 지름은 1,000밀리미터 이상으로 한다. 다만, 현지여건상 필요한 경우에는 배수구의 지름을 800밀리미터 이상으로 설치할 수 있다.

사진 60

산림기반시설기준에서는 최소 배수관 규격을 Φ1000 mm 이상으로 규정하고 있다. 그러나 현지 여건상 Φ800 mm 규격으로 설치할 수 있다고 명시되어 있으므로, 임도에서의 최소 배수관 크기는 Φ800mm로 적용된다. 이는 산림청이 집중호우 시 홍수량을 빠르게 배수하기 위해 배수관 규격을 확대했다고 추측할 수 있다.

과거 2000년 이전에는 최소 배수관 규격으로 Φ450mm가 사용되기도 했다. 극한 호우로 인한 산사태가 임도에서 원인으로 작용한 사례도 종종 있었다. 그 이후 산림청에서는 최소 배수관 규격을 Φ800mm로 변경하였다.

간혹 2000년 이전에 시공한 임도 현장에서 Φ450mm, Φ600 mm 배수관이 여전히 잘 설치되어 있는 경우를 볼 수 있다. 이러한 배수관들은 주로 집수면적이 작은 소계곡부에 위치한 곳에 설치되었으며, 임도 옆 도랑의 유하 거리가 길어 횡단 배수 처리를 위해 매설된 경우이다.

집수유역면적이 3ha 이하일 경우, 최소 관 크기를 Φ600mm로 완화하면 공사비 절감 효과를 얻을 수 있다. 산지에서는 집중호우 시 빗물 외에도 유목이 떠내려오거나 토석이 흘러내리는 경우가 많다. 현재(2024.10) 임도의 최소 관 크기를 Φ800 mm에서 Φ600 mm으로 축소하면서, 대신 관 매설 유입구에는 유목이나 잡석 등이 쌓일 수 있는 공간을 확보하는 것이 더욱 중요해질 것이다. 또한, 관 매설 시 동수기울기를 높이면 유목이나 돌멩이가 관속에서 쌓이는 것을 방지하고, 관 유출구로 원활히 빠져나갈 확률이 높아질 것이다.

임도설계는
조작을 해야 한다 ①

  A산림용역업체에서 임도설계용역을 수행하던 중 재설계 과정이 있었다. 그 이유는 반대편에서 임도설계를 진행하는 B산림용역업체의 종점과 서로 일치하지 않았기 때문이다. 누가 잘못했는지는 명확하지 않으나, 용역업체가 발주처와의 노선 협의를 제대로 하지 않은 것이 첫 번째 원인이라고 할 수 있다. 결론적으로 B업체에서 측량한 노선은 그대로 두고, A업체에서 설계한 노선을 수정하는 방식으로 결정되었다. 이 임도노선은 내가 설계심사를 맡았다.

 A업체에 임도 재측량을 요청하면서 LiDAR를 사용하여 측량하고, 지형 분석을 면밀히 한 후 노선 계획을 하도록 부탁하였다. 며칠 전, A업체에서 LiDAR로 측량한 등고선 지형도면에 예정 노선을 그린 CAD 파일을 보내왔다. 1/5000 지형도에서는 알 수 없었던 소계곡까지 정확히 분석되어 임도노선 계획이 신빙성이 있어 보였다.

 A업체에서 계획한 노선을 일부 수정하여 그 노선을 바탕으로 임도측량을 실시했다. 종단물매는 물론 평면선형까지 그럭저럭 적정하게 계획되었다.

 도면 52는 A업체에서 보내온 도면이다. 빨간색 노선은 A업체에서 계획한 임도노선이고, 연두색 노선은 B업체에서 이미 완료한 임도설계 평면중심선이다.

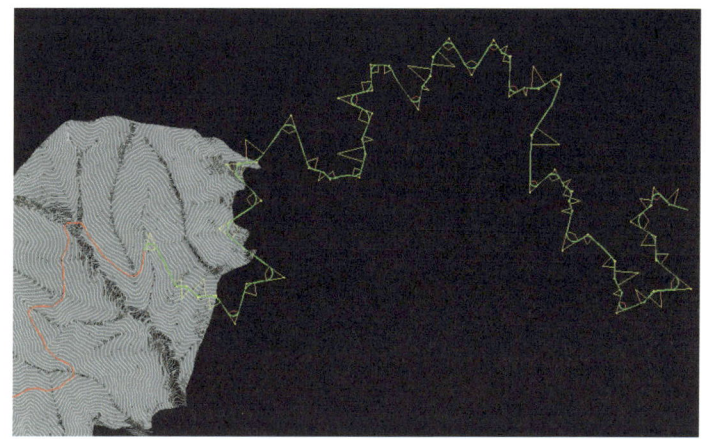

도면 52

도면 53

연두색 노선은 총 3.0km이고, 곡선반경을 설치한 개소가 대략 60개소이다. 즉, IP 60개소가 존재한다. 그중 10개소는 [산림관리기반시설의 설계 및 시설기준]에 어긋나게 계획하였다. CAD에서 곡선반지름 길이를 쉽게 알 수 있다. (위 사진에서 곡선반지름은 9.1m이다.)

※ 평면도에서 곡선반지름이 12m 이하로 작도된 후, 곡선설치표에서 숫자만 12m 이상으로 수정하는 사례가 빈번하게 발생한다. 이는 임도설계도면을 조작하는 행위이다.

설 계 속 도(km/시간)	최소곡선반지름(미터)	
	일반지형	특수지형
40	60	40
30	30	20
20	15	12

표 15

「산림자원의 조성 및 관리에 관한 법률 시행규칙」별표 2 [산림관리기반시설의 설계 및 시설기준]은 임도설계의 규정을 명시하고 있다. 산자법 시행규칙에 따라 임도의 최소곡선반지름은 12m 이상으로 계획해야 하며, 이를 따르지 않으면 법을 위반하는 행위가 된다.

B업체 설계자는 임도설계 경력 20년 정도를 자랑하며, 경북 지역에서 최상위 그룹의 설계자로 인정받고 있다. 그는 많은 임도설계 용역을 수행한 경험이 있지만, 법을 위반하며 설계 용역을 진행하는 실정이다. 이제 막 임도설계를 시작하는 후배 산림공학기술자에게 무엇을 이야기해 줄 것이며, 어떤 기술을 전수해 줄 것인가?

B업체에서는 왜 법을 위반하는 행위(곡선반경 12m가 되지 않게 설계)를 했을까? 사실, 나도 예전에는 곡선반경을 12m가 되지 않게 설계한 적이 몇 번 있었다. 그 이유는 1/5000 지형도에서 예정 노선을 선정하고 현장에 측량하러 가기 때문이다. 1/5000 지형도는 세부적인 노출암반(절벽), 소계곡, 묘지 등을 나타내지 못한다.

그래서 현장에서 곡선반경 12m 이상이 되도록 측점을 선정해야 한다. 계곡부나 능선부에서 곡선반경 12m가 되게 측점을 선정한다고 해도, 막상 측량자료를 가지고 도면 작업을 하다 보면 최소반경 12m가 되지 않는 경우가 종종 생긴다. 특히 지형 변화가 심하고 횡단 경사가 급한 곳에서 더 그렇다.

이미 현장에서 측점을 표시해 놓았으니, 임도 곡선반경이 12m가 되지 않아도 현장에서 표기한 측점에 최대한 오차 없이 작도해야 전체 노선 거리를 맞출 수 있다. 그렇지 않으면 다시 현장에 가서 측점 표기를 새로 해야 하는 번거로움이 있다.

대부분의 임도설계자들이 현장에 다시 가지 않는다. 나 역시도 그렇게 했었다. 하지만 이제는 곡선반경 12m가 되도록 계획을 하고 있다. 먼저 LiDAR로 측량한 지형도면에 산림기반시설설계기준에 맞게 계획한 후, 현장에 나가 측설을 한다. 국유림 산지처럼 험준한 지형에서는 LiDAR를 이용한 정밀측량 없이는 산림기반시설기준에 적합한 임도설계도면을 작성하기 어렵다. (횡단 경사가 완만하고 계곡이나 능선이 없는 지형에서는 가능하다.)

앞으로 LiDAR 보급으로 조작 없이 현장 지형에 부합하고 산림기반시설설계기준을 준수하는 임도설계도면이 작성되기를 기대한다.

임도설계는 조작을 해야 한다 ②

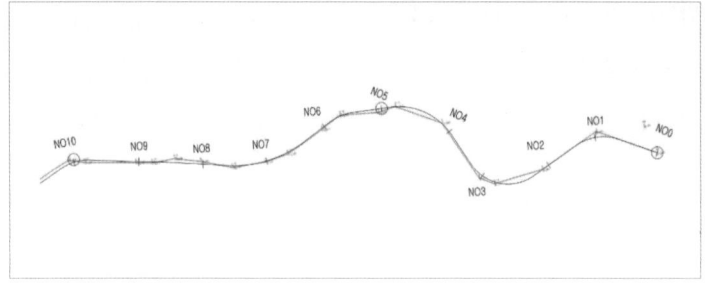

그림 15

그림 15에서 분홍색 선은 임도측량 시 현장에서 측설(표기)한 측점들을 연결한 선이다. 임도설계자는 현장에서 측점의 중심점을 표식하고, 그 점을 GPS로 측정하여 XYZ 좌푯값을 가져온다. 각 측점 간 거리 20m는 줄자로 측정한다.

대략 5년 전까지는 각 측점 간 방위 값을 콤파스로 측정하여 평면중심선을 설정했다. 그리고 각 측점의 종단값(지반고)은 클리노미터로 간이 측정을 했다. 클리노미터는 전후 측점 간 수평거리를 알 때 높이차를 쉽게 구할 수 있는 방법이다. 하지만 콤파스와 클리노미터는 오차가 심하게 발생할 수 있는 단점이 있다.

1995년 임도설계를 처음 접할 때, 이 방법이 가장 경제적이었다. 숲속에서 정밀측량을 하려면 광파기 등을 사용해야 하므로 그 비용이 많이 소요되기 때문이다.

임도측량은 고속도로처럼 높은 차량 속도를 요구하는 도로가 아니기 때문에 약간의 오차는 허용될 수 있다. 그러나 그 오차의 범위가 어느 정도인지는 임도공학 책자나 임도설계 기준에서 구체적으로 정해져 있지 않다. 최근 임도설계 용역업체에서는 GNSS(Global Navigation Satellite System)를 활용한 측량을 하고 있다. 이를 통해 각 측점의 XYZ 값을 정확하게 측정할 수 있다. (휴대폰이 연결되지 않는 곳에서는 PPK(Post Processed Kinematic) 방법으로 데이터를 추출할 수 있다.)

GNSS 기기 덕분에 과거보다 더 정확한 임도측량이 가능해졌다. 하지만 임도설계자가 현장에서 측량하면서 즉석에서 측점을 측설하기 때문에, 정확한 평면중심선상에서 모든 측점이 정확히 오도록 하는 데는 한계가 있다.

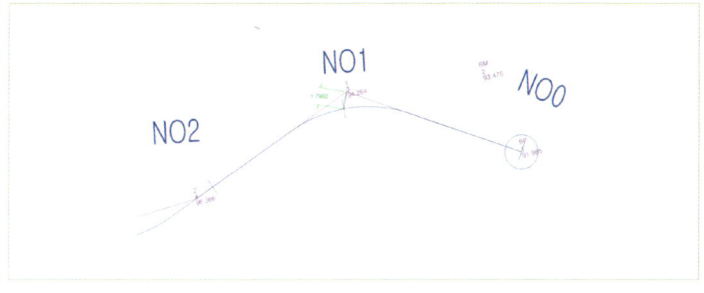

그림 16

현장에 표기한 측점과 최대한 오차의 범위를 줄이려고 평면중심선과 곡선반경을 설정하지만, 약간의 오차가 발생하게 된다. 임도설계는 조작을 하는 이유가 위 그림 16에서 알 수 있다. 위 그림 16에서 측점 1번의 경우, 현장에서 표시한 측점 1번과 도면상 측점 1번의 이격거리가 약 1.8m 정도이다. 위와 같이 곡선반경을 설치하면 측점 전체임도 길이가 도면상에서 조금 짧아지게 된다.

며칠 전, 일반 도로 설계용 프로그램 판매처 임직원과 통화하면서 알게 된 사실은, 임도전용 프로그램으로 작업 시 실제 도면상 전체 거리가 오차가 발생한다는 점이다.

그렇다면 임도설계 시 조작을 하지 않는 방법은 어떻게 해야 할까?

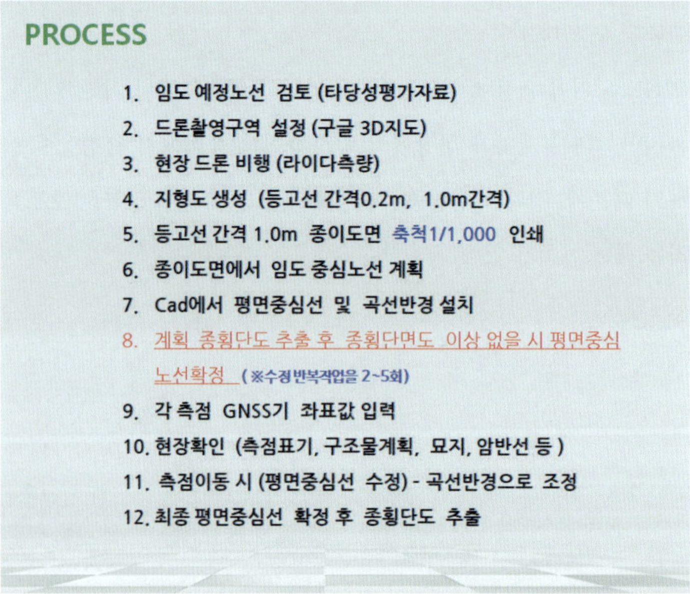

PROCESS

1. 임도 예정노선 검토 (타당성평가자료)
2. 드론촬영구역 설정 (구글 3D지도)
3. 현장 드론 비행 (라이다측량)
4. 지형도 생성 (등고선 간격0.2m, 1.0m간격)
5. 등고선 간격 1.0m 종이도면 축척1/1,000 인쇄
6. 종이도면에서 임도 중심노선 계획
7. Cad에서 평면중심선 및 곡선반경 설치
8. 계획 종횡단도 추출 후 종횡단도 이상 없을 시 평면중심노선확정 (※수정 반복작업을 2~5회)
9. 각 측점 GNSS기 좌표값 입력
10. 현장확인 (측점표기, 구조물계획, 묘지, 암반선 등)
11. 측점이동 시 (평면중심선 수정) - 곡선반경으로 조정
12. 최종 평면중심선 확정 후 종횡단도 추출

사진 61

진솔산림기술사사무소에서는 2021년 10월 LiDAR를 구입한 이후, 위 사진에서 언급한 프로세스를 통해 임도설계를 실시하고 있다. 이렇게 하면 조작을 하지 않는 임도설계도면을 작성할 수 있다. 앞으로 더 효율적이고 정확한 임도측량 방법을 찾아보고자 한다.

임도설계는 조작을 해야 한다 ③

　　임도설계 시, 숲속(현장)에서 평면곡선반경을 경험과 감각적으로 노선중심선을 선정한 후, 측점의 지반고와 좌푯값을 측정한다. 산림기반시설기준에서 규정하는 최소곡선반경 12m 이상을 확보해야 한다.

　측점별로 측정한 XYZ 값을 도면화(내업) 작업 시 오차가 발생할 수 있다. 특히, 협곡이나 뾰족한 산능선부에서는 최소곡선반경이 나오지 않는 경우가 종종 있다.

　측량해 온 데이터 값으로 평면곡선반경을 작도한다. 현장에서 측량한 곡선중심선 반경이 최소곡선반경이 나오지 않는 경우가 있다. 대부분 설계자들은 측량해 온 곡선반경이 규정에 맞지 않아도 그냥 곡선제원표에서 곡선반경 숫자만 12m 이상으로 수정한다. 곡선제원표 숫자만 수정할 뿐 실제 곡선은 기준에 어긋나게 도면을 그린다. 아직도 많은 임도설계자들이 그렇게 하고 있다.

　이 잘못된 방법에 대해서 그간 아무도 지적(언급)하지 않았으니 당연히 숫자만 수정해도 인정되는 것으로 인식하고 있다. 이는 임도설계 발전하기보다 임도 질적 품질의 저하(뒷걸음질)를 가져왔다.

　시공 완료된 임도를 통행하다 보면 차량이 곡선부에서 억지로 회전하는 곳을 만난다. 특히 헤어핀 곡선 구간이다. 곡선반경 6~10m 정도이다.

용역업체	노선 거리 (m)			오차율	비고
	설계거리	캐드거리	증감거리		
가	520	518.20	- 1.80	-0.35%	
나	800	795.17	- 4.83	-0.60%	
다	1,000	942.87	- 57.13	-5.71%	
라	1,000	970.85	- 29.15	-2.92%	
마	1,100	1,095.13	- 4.88	-0.44%	
바	1,000	1,041.23	41.23	4.12%	
아	1,100	1,094.44	- 5.56	-0.51%	
사	600	598.00	- 2.00	-0.33%	
자	360	331.38	- 28.62	-7.95%	
차	1,400	1,386.32	- 13.68	-0.98%	
계	8,880	8,774	- 106.42	-1.20%	

표 16

표 16은 임도설계 설계 도면상 거리(설계 거리)와 캐드 상에서 평면 거리(캐드 거리)에 대한 값을 비교한 것이다.

10개 노선에 대한 검증을 해본 결과, 대부분 노선에서 설계 거리보다 캐드 상 거리가 모자라게 작도되었다. 이는 곡선반경을 작도할 때 오류가 발생하기 때문이다.

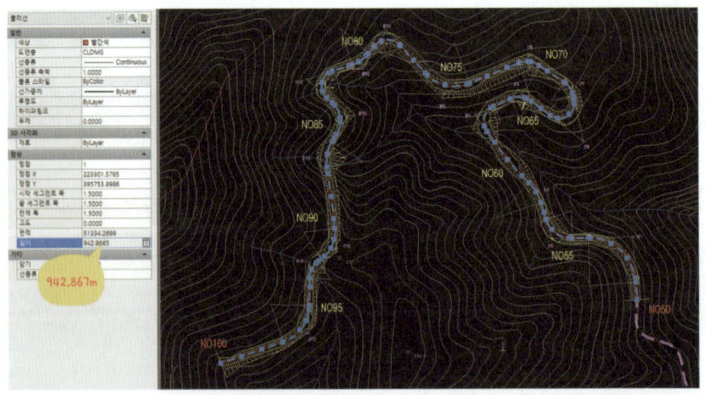

그림 17 (다) 용역업체의 거리 1,000m에 942.87m 작도(오차 5.7%)

그림 17은 설계 거리 1,000m인데 도면상에서는 943m가 되게 작성한 평면도이다. 오차율이 5.71%로, 오차가 많이 발생했다고 볼 수 있다. 이 오차가 많이 나는 이유는 현장에서 곡선반경을 12m가 되지 않도록 측량하고, 그 후 내업 시 평면도에서 규정에 맞도록 곡선반경을 크게 했기 때문이다.

현장에 표기한 노선중심선과 도면상의 곡선반경 차이가 주원인이다. 최소곡선반경을 조작한다고 지적하니까 최소곡선반경을 규정에 맞게 작도했지만, 그 대신 전체 거리에서 많이 줄어들게 된 것이다.

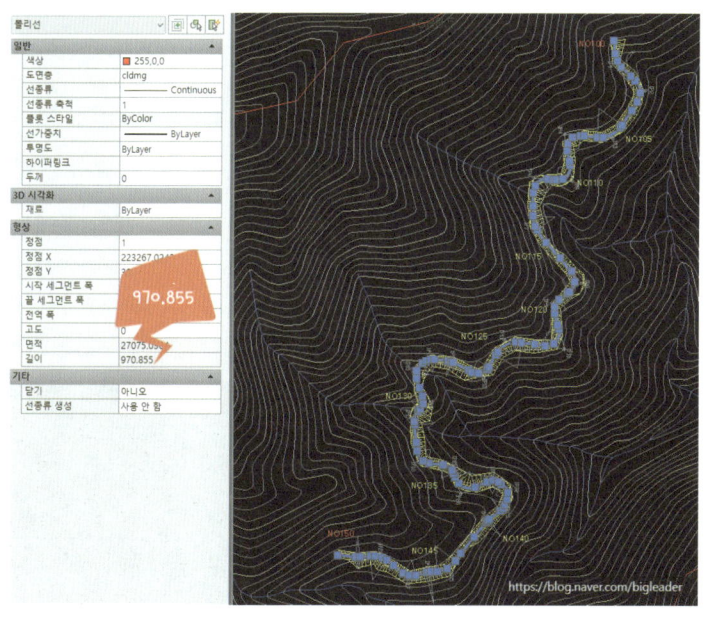

그림 18 (라)용역업체의 거리 1,000m에 970.85m 작도(오차율 2.92%)

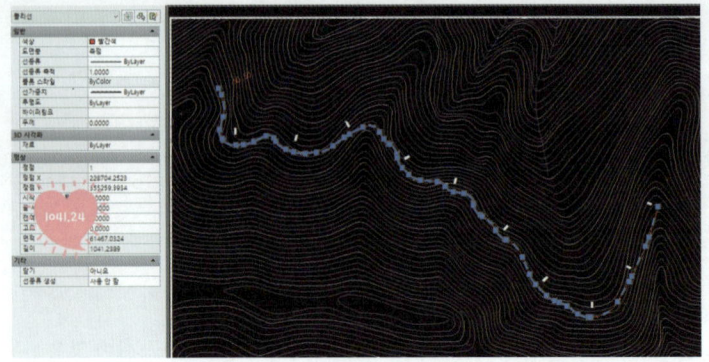

그림 19 (바)용역업체의 거리 1,000m에 1041.23m 작도(오차율 4.12%)

10개 샘플 노선 중 대부분 설계 거리보다 짧게 작도한 노선에 비해, 그림 19은 반대로 노선 길이가 더 길게 작도된 도면이다. 이는 아마 현장에서 한 측점 간 줄자 길이를 20m보다 길게 잡고 측량한 것으로 추측된다.

표 16에서 10개 노선 모두가 임도설계 프로그램 <오솔길>로 작성한 도면이다. <오솔길> 프로그램을 처음 만들 때 1997년 당시 도면 작도의 문제점을 조언해 준 적이 있었다. 완벽하게 오류를 바로잡지 못한 프로그램이라서, 진솔산림기술사사무소 개업 후에는 <오솔길> 프로그램을 사용하지 않는다.

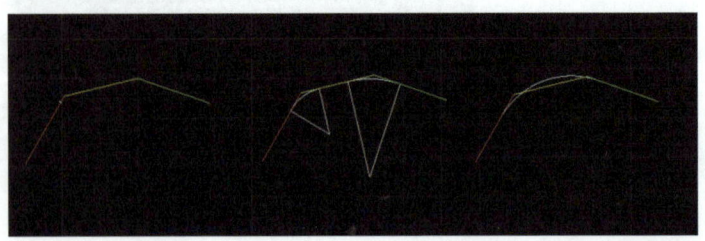

그림 20

그러면 〈오솔길〉 프로그램으로 어떻게 하면 임도 거리 오차를 최소화할 수 있을까?

〈오솔길〉 프로그램을 사용하여 임도설계를 할 경우, 임도 곡선 설치 시 평면중심노선에서 측점과 측점을 연결하는 중심선이 바로 연접된 중심선이 곡선이 되지 않도록 해야 한다. (2008년까지 사용한 경험 기준, 2024년 현재 〈오솔길〉 버전에서는 알 수 없음.)

그림 20에서 두 번째 그림처럼 곡선 설치를 하면 안 되고, 세 번째 그림처럼 곡선을 설치하게 되면 측량해 온 평면중심선과 근접한 거리가 되도록 곡선반경이 결정된다.

또는, 1차 측량한 자료로 작성한 평면노선중심선을 가지고 현장에 다시 나가 측점을 도면 기준으로 이설한 후, 다시 종횡단 측량을 해오면 오차를 최소화할 수 있다.

대부분 설계 용역업체에서는 현장에 두 번 나가지 않는다. 두 번 나가는 경우는 노선 변경이 있는 경우를 제외하고, 일부로 곡선 설치로 인한 오차 발생한 측점 이동을 위해 두 번 현장에 나가는 업체가 과연 있을까?

평면중심선의 설계 거리와 도면 거리 오차를 발생시키지 않는 다른 방법도 있다. 〈오솔길〉 프로그램 대신 일반 도로 설계 프로그램(Road Projector)을 사용하면 된다.

임도설계 초기(1990년대 초반)에는 간이(약식) 측량으로 해왔다. 당연히 오차 발생이 있었으나, 산림(숲속)에서 가장 경제적인 측량 방법이었다. 간이 측량 데이터를 토대로 설계 도면을 작성하는 프로그램이 〈오솔길〉이다. 〈오솔길〉에서는 도로공학 이론의 일부를 적용하지 않았다. 예를 들어, 교각점(IP) 설정을 생략할 수 있는 점 등이 있다. 완벽하지 않은 도로 설계 프로그램이라고 할 수 있다. (2008년 오솔길 버전 기준)

진솔산림기술사사무소는 현장과 거의 유사한 현실 지형도를 Li-DAR 측량으로 취득한 후, Road Projector 프로그램을 사용하여 설계하고 있다. 이를 통해 오차 없이 평면중심선 도면 작업이 가능하다.

임도 준공 도면만큼은 제대로 작성하자

도면 54

도면 54는 국립지리원에서 제공하는 1/5000 수치지형도이다. 이곳은 산림청 소유의 국유림이다. 도면 54에서 임도(도로)가 개설되어 있는 것을 알 수 있다. 수치지형도에는 임도가 표기되어 있다. 최근 몇 년간 준공된 임도는 표기되지 않았다. 보통 국립지리원에서 제공하는 지형도는 주기적으로 지형 변화에 따라 대략 5년 주기로 업데이트되는 것 같다.

도면 54에서 표기된 임도는 대략 10여 년 전에 준공된 임도일 것이라고 추정된다. 그리고 하늘색 선은 해당 국유림관리소에서 준공된 임도노선의 데이터이다. 임도 관리를 위해 공사가 완료된 임도에 대해서는 SHP 파일로 보관하여 관리한다. 임도노선은 Line 속성으로 공간 정보를 저장한다고 할 수 있다.

도면 54 지형도에 표기된 임도노선과 하늘색 노선이 일치하지 않는다. 하늘색 노선은 SHP 파일로, 지형도에 표기된 임도노선이 100% 정확하다고 볼 수는 없지만, 하늘색 노선과 비교했을 때 정확도가 더 높다고 할 수 있다.

그럼 SHP 파일의 정확도가 떨어질까? 가장 큰 이유는 공사 전 작성된 설계 도면을 기준으로 준공도면을 작성했기 때문이다. 공사 전 작성한 도면은 숲속에서 간이측량을 하는 관계로 오차가 많다. 임도공사가 완료된 후에도 준공도면을 작성할 때 당초 설계 도면을 수정 없이 그대로 만든다. 노선이 아예 다른 곳으로 변경되지 않는 이상, 준공도면은 당초 설계 도면을 바탕으로 작성된다.

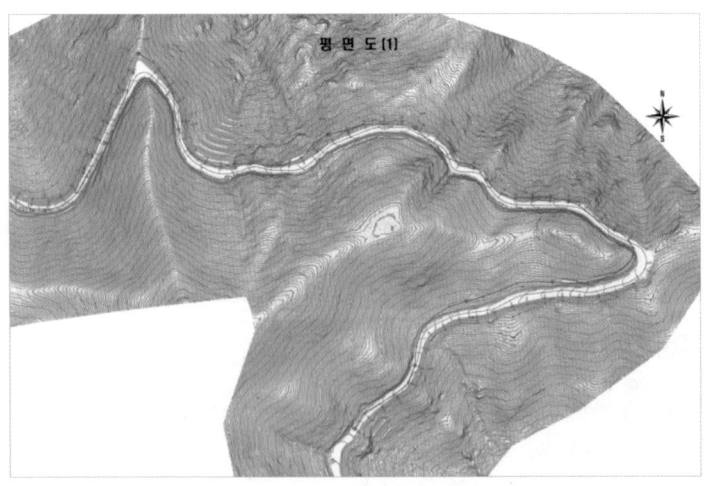

도면 55

도면 55는 2024년 10월 17일 라이다 측량으로 작성한 ○○임도의 수치표고모델(Digital Elevation Model)이다. ○○임도는 진솔산림기술사사무소에서 감리용역 중이다. 당초 설계 도면에 잘못된 점이 있었는데, 최소곡선반지름 12m가 되지 않는 곳이 네 군데 있었다. 산불진화임도가 대형차량 통행을 위해서는 최소곡선반지름 12m가 확보되어야 한다. 공사 중 곡선반지름이 확보되지 않는 구간에서는 곡선부 안쪽으로 중심선을 이동하여 시공하였다.

그럼에도 불구하고, 전 구간의 수치표고모델을 확인한 결과, 전체 노선 길이는 당초 설계 거리와 거의 유사하게 일치했지만, 도면 55에서 알 수 있듯이 평면중심선형은 대부분 구간에서 일치하지 않았다. 파란색 선은 당초 설계 평면중심선이고, 빨간색 선은 시공된 평면중심선이다.

설계자는 "당초 설계한 대로 시공을 하지 않았다"고 말할 수 있다. 시공자는 현장에 표기된 측점 말뚝을 따라 시공하였다. 100% 정확하게 측점 말뚝을 따라 시공하지 않았으나, 부분적으로 당초와 다르게 시공되었다고 볼 수도 있다.

설계 도면과 시공 노선이 일치하지 않는 근본적인 이유는, 지금까지 오차가 많은 당초 설계 도면을 준공도면으로 사용했기 때문이다. 이제 임도 준공도면은 제대로 작성하자. 임도공사가 완료되면 측량 시준에 아무런 장애가 없으니, 정확한 도면 작성이 가능하다. 임도공사 전 숲속에서 측량하는 것이 아니기 때문이다.

산불예방임도(산불진화임도) 시설기준은?

「산림자원의 조성 및 관리에 관한 법률 시행규칙」 제5조 ①항에서 [산림관리기반시설의 설계 및 시설기준]을 정의하고 있다. 산림관리기반시설은 임도에 해당한다.

임도의 종류는 다음과 같다:

> **간선임도**: 산림의 경영 관리 및 보호상 중추적인 역할을 하는 임도로, 도로와 도로를 연결하는 임도.
> **지선임도**: 일정 구역의 산림 경영 및 산림 보호를 목적으로 간선임도 또는 도로에서 연결하여 설치하는 임도.
> **작업임도**: 일정 구역의 산림사업 시행을 위해 간선임도, 지선임도 또는 도로에서 연결하여 설치하는 임도.

산자법에서는 간선임도, 지선임도, 작업 임도에 대해서만 언급되어 있다.

2013년 전후로 산불방지임도에 대한 법조항이 2~3년간 언급되었으나 이후 삭제되었다. 당시 산불방지임도는 간선임도와 지선임도보다 완화된 임도 기준을 적용했으며, 작업 임도에 해당하는 것으로 볼 수 있다.

산림관리기반시설에서 언급되지 않은 또 다른 임도 종류가 있다. 바로 산불예방임도(산불진화임도)이다. 산불예방임도는 몇 년 전까지 있었던 산불방지임도와는 다른 종류임을 유의해야 한다.

산림청에서는 임도 설치 및 관리에 관한 규정에서 훈령 제1426호 (2019.10.10)로 산불예방임도에 대한 기준을 마련하였다.

산자법에서 별표 산림기반시설기준에 산불예방임도를 포함해야 하지만, 법령 개정 절차를 거쳐야 하므로 현재는 훈령에 언급되었을 가능성이 크다. (2024년 9월 기준으로, 산불진화임도는 산자법 시행규칙 내 산림관리기반시설의 범위 및 기준에 포함하려는 작업이 진행 중이다.)

산불예방임도는 산불 발생 시 진화 차량이 통행할 수 있도록 설계되어야 한다. 이는 간선임도보다 더 강화된 규격을 가진 임도라고 할 수 있다.

사진 62

그러나 산불진화임도 시설기준은 사실상 간선임도의 기준과 거의 동일하다. 차이점은 간선임도에서 언급되지 않은 취수장 설치, 내화수림대 설치, 그리고 차량 대피소 간격에 대한 조항이 추가되어 있다는 것이다. 또한, 정차·작업장의 설치 기준이 임도 거리 300m 이내마다 노폭 7m 이상, 유효 길이 20m 이상을 설치해야 한다는 점도 차이가 있다.

산불진화임도는 대형 소방 차량이 진입할 수 있도록 설계되며, 차량 교행 장소(대피소)와 취수장 설치, 정차대 등을 추가로 설치해야 한다. 이로 인해 산불진화임도는 간선임도보다 시설비용이 더 많이 소요된다.

실제로, 간선임도의 단가는 현재 7~8년째 인상이 되지 않고 있다. 특히 지형이 험준한 국유림에서는 간선임도 시설비가 부족한 실정이다. 그 대안으로 산불진화임도가 신설된 것으로 알고 있다. 간선임도 시설비는 대략 2억 원인 반면, 산불예방임도의 시설비는 3억 원이 조금 넘는다. 산불진화임도의 기준이 시급하게 마련되었지만, 기존의 간선임도 시설기준을 거의 그대로 모방한 부분이 있다.

산자법에서 언급된 산림기반시설기준의 개정이 필요하다고 몇 년 전부터 주장하고 있다. 산불진화임도와 간선임도, 작업임도의 기준 개정을 통해 우리나라의 지형에 적합한 기준을 마련하고, 기준의 앞뒤가 불합리한 모순점을 개선할 필요가 있을 것이다.

임도 시설기준 개정이 필요하다

임도(林道)는 산림기반시설이다. 「산림자원의 조성 및 관리에 관한 법률 시행규칙」 별표 2에 있는 [산림관리기반시설의 설계 및 시설기준]은 임도 규정이라 볼 수 있다. 현재(2019년 9월) 임도의 종류는 간선임도, 지선임도, 작업임도 세 가지로 구분되어 있다. 몇 년 전에는 잠시 동안 산불방지임도가 추가되었던 적도 있다.

최근 산림청에서는 '산불예방임도(산불진화임도)'라는 명칭으로 임도의 종류를 하나 더 추가하려는 계획을 세우고 있다. 이에 대한 규정안을 마련하고 있으며, 관련 의견을 받고 있는 상황이다. 초안을 누가 작성했는지 알 수는 없지만, 그동안 임도의 측량 설계를 해 온 경험에서 임도 시설기준에 대해 개선이 필요하다는 점을 강하게 인식해 왔다. 실무를 진행하면서 현장과 맞지 않는 임도 규정들을 수정해야 할 필요성을 절실히 느꼈다.

한국산림기술사협회를 통해 받은 산불예방임도 개정안에 대한 의견을 한국산림기술사협회로 답변을 작성하였다. 시간이 촉박하여 중요 사항만 언급하였다. 임도 최소곡선반지름, 종단물매, 성토사면 사업비 일정 비율 반영에 대한 개정안은 나의 의견이다. 그 외 개정안 의견에는 산림기술사협회 회장이신 오점곤 기술사의 의견도 포함되어 있다.

표 17

표 18

산불예방임도라는 명칭으로 임도 종류를 추가하는 것에 대해 깊이 생각해 본 적은 없지만, 이에 대한 찬반 의견을 표명하기는 어렵다. 다만, 산불예방임도에 대한 규정을 새로 두는 만큼, 기존 간선임도 및 작업임도의 규정(시설기준)도 개정할 필요가 있다고 생각한다.

개 정 안	검토의견	
	수 정 안	검토 사유
(3) 성토 (다) 산불예방임도의 성토너비는 유효노폭의 50%를 초과할 수 없다. 다만, 계곡부 등이 토장 설치 등이 부득이한 경우는 성토사면의 보호를 위하여 옹벽·석축 등의 구조물을 설치한다.	<삭 제>	○ 통단결사가 완만한 구간에는 일반성토로도 노체 형성에 문제가 없음.
(6) 입목벌채·표토제거 등 (나) 성토면 - 성토너비는 유효노폭의 50%를 초과할수 없다. 다만, 계곡부 등단·사면장 설치 등이 부득이한 경우는 성토사면의 보호를 위하여 옹벽·석축 등의 구조물을 설치한다.	<삭 제>	○ 통단결사가 완만한 구간에는 일반성토로도 노체 형성에 문제가 없음.
카. 교량·암거 (3) 너비 산불예방임도의 너비는 3.5~4미터 이상으로 하되 부득이한 경우에는 교량 및 암거의 진입부를 양안에 노폭 좁아짐 표식을 설치하여야 한다.	(3) 너비 유효너비 이상으로 한다.	○ 유효너비와 혼탄방지

표 19

　현실적으로 불필요한 특수지형에 대한 정의, 평면곡선반경, 종단 기울기에 대한 내용, 그리고 실시설계 전에 기본설계를 시행할 필요성 등 다양한 점에서 개선이 필요하다. 산림관리기반시설 임도 규정의 근본은 임도 규정 제정 초기에 일본에서 참고한 것으로 알고 있다. 이제는 우리나라 지형에 맞고, 실무에서 반영 가능한 임도 개정이 요구된다고 생각한다.

(※위의 글은 2019년도 시점에서 작성되었으며, 2024년 10월 현재 산불예방임도는 산불진화임도로 변경되었음.)

임도시설단비의
현실화가 시급하다

　최근(2022년 7월) 들어서 주유소에 가기가 두렵다. 차량에 기름(경유)을 가득 넣기가 부담스럽다. 경유 가격이 주유소에 갈 때마다 몇십 원씩 인상되고 있다. 연초까지는 부담 없이 경유를 가득 넣었으나, 2022년 7월 현재 가득 채우면 10만 원이 훌쩍 넘는다. 가득 채우는 것이 부담스럽다. 더욱이 휘발유 가격보다 경유 가격이 더 비싸져, 고물가 시대가 도래했음을 실감한다.
　2022년 초(2월경)에 작성한 임도설계서에 의한 임도가 최근에 입찰이 진행되어 막 임도시설공사가 시작된 건이 있다. 이 공사는 시공사가 5%(?) 정도 공사비를 손해보고 시작하는 상황이다. 연초에 경유 리터당 1,200원(부가세 별도)으로 설계했으나, 현재(2022년 7월) 1,900원(부가세 별도) 정도로 판매되고 있다.

　유류대 인상에도 문제가 있지만, 그보다 더 큰 문제가 있다. 임도설치단비가 지금 몇 년째 인상되지 않고 있다. 임도 종류는 산림청에서 작업임도, 지선임도, 간선임도, 산불예방임도 4가지로 구분하여 시설하고 있다. 그중에 가장 많이 시설하고 있는 것은 간선임도이다.
　간선임도의 1km 시설비는 2013년도부터 2022년까지 2억 7백만 원으로, 10년째 인상이 되지 않고 그대로 유지되고 있다. 산림청에

임도설치 km당 단비추이

⌀ 간선임도

연도별	국유림		
	국고	%	계
'16-'21	207,000	↑10.1	207,000
'15	207,000	↑10.1	207,000
'14	207,000	↑10.1	207,000
'13	207,000	↑10.1	207,000
'12	188,000		188,000
'11	188,000	-	188,000
'10	188,000	↑50.4	188,000
'09	-		188,000
'08	-	-	188,000
'07	125,000		125,000
'06	125,000		125,000

표 20

서는 임도설계 시 표준 단비를 맞추지 말고 현실 사업비로 설계하라고 한다. 1km 예산으로 임도 1km를 개설하는 것이 아니라 현실 여건에 맞추어 거리를 축소하여 개설하라는 지침이다. 그러나 발주처에서는 현실적으로 1km 예산으로 0.7km 이상을 설계하라고 강요하고 있다. 1.0km를 0.7km로 나누면 143%로, 임도 단비를 150% 이상 되지 않도록 설계하지 못하게 하고 있다.

2022년 들어 공사비의 간접사업비가 높아져 원가 계산서상에서 차지하는 간접사업비 비율이 크게 증가했다. 예를 들어, 직접 공사비 천원이면 간접 공사비가 500원이 된다. 즉, 직접 공비의 1.5배를 해야 총공사비가 된다.

임도설계를 진행하면서 횡단경사가 완만한 지형인 경우 산림청에서 정한 임도 시설 단비 100%로 설계할 수 있지만, 올해 들어서는 임도설계 100%로 설계할 수 있는 곳이 거의 없다. 특히 국유림에 시설하는 임도의 경우, 사유림보다 지형이 험준하여 토공사, 관 매설, 기본적인 구조물 공사와 소량의 녹화 공사만 반영될 뿐, 완벽한 구조물 계획을 하지 못하고 있는 실정이다.

2022년 상반기 물가 인상이 4~5% 정도 되었고, 정부에서는 2022년 물가 인상이 6.5% 정도 될 것이라고 전망하고 있다. 그런데 2013년부터 물가 인상분조차도 반영되지 않고 있는 임도 시설 단비를 현실화시켜야 한다. 실제 임도 시설 1km당 공사비를 감안하면, 50% 정도 대폭 인상해야 현실적이다. 간선임도의 1km당 임도 시설 단비가 207,000천 원에서 50% 인상될 경우, 310,000천 원이 된다. 산불예방임도(산불진화임도)의 1km 단비도 310,000천 원으로 설정되어야 한다. 따라서 임도 설치 1km당 단비는 간선임도는 3.5억 원, 작업 임도는 2억 원, 산불진화임도는 5억 원 정도가 되어야 실제 현장에서 개설하는 비용과 일치할 것으로 판단된다.

[마치는 글]

변화하지 않으면 도태될 것이다

변화하지 않으면
도태될 것이다

　　　　A는 2005년부터 임도설계를 해온 경력자로, 20년간의 풍부한 경험을 바탕으로 경북 관내의 임도설계용역을 다수 수행해 왔다. 어느 날, 우연히 A가 설계용역 수행했던 임도의 시공 감리용역을 맡게 되었다. 이 임도는 산불진화임도로 설계된 것이었다.

　　감리자는 발주처에 여러 서류를 제출해야 하는데, 그중 하나가 설계검토보고서다. 감리용역 계약 후 곧바로 설계도서를 검토하기 위해 발주처로부터 설계자료 파일을 전달받았다. 설계도면(CAD 파일)을 검토하던 중, 임도의 평면중심선 곡선반지름이 산림청에서 정한 최소곡선반지름 기준에 미치지 못하도록 작도된 것을 발견했다.

　　문제가 된 구간은 무려 6곳에 달했으며, 이는 단순히 곡선제원표에서 곡선반지름 숫자만 수정해 감춘 것이었다. 이러한 조작은 종이 도면만으로는 쉽게 찾을 수 없다. 발주처, 시공자, 감리자 모두를 속인 것이다. 곡선반지름만 기만행위를 한 게 아니었다. 임도 거리까지 조작한 사실이 드러났다. 전체 임도거리는 1.0km로 설계되었으나, 도면상 거리는 0.93km에 불과했다. 임도공사 막바지에 이르러 실거리를 측정해 보니, 최종적으로 0.92km밖에 나오지 않았다.

　　시공 과정에서 최소곡선반지름을 확보하기 위해서 평면중심선을 단축시킨 결과 거리가 줄어든 측면도 있었다. 그러나 이러한 이유만으로 약 8%에 해당하는 오차가 발생한 것은 설명되지 않는다.

A와 비교했을 때, ○○산림기술사사무소 대표는 산림조합에서의 임도 시공 경력을 가지고 있으며, 개인사무소 개업 후 임도설계 6~7년의 경력자. 그는 2016년에 산림기술사 자격을 취득한 후 개인사무소를 개업하였으며, 매년 임도설계 용역을 2~3건 정도 수행하고 있다. 분명히 A와 비교하면 임도설계 경험이 부족한 것은 사실이다.

그러나 ○○산림기술사사무소 대표는 2024년부터 과감히 과거의 임도(간이) 측량 방법을 버리고, 드론 라이다 측량 방법을 도입하며 임도설계에 혁신을 가져왔다. 또한 기존의 불완전한 임도전용 작성 프로그램 대신 도로전용 프로그램을 활용하여 보다 정밀하고 효율적인 임도설계를 수행하고 있다.

그는 [진솔산림기술사사무소]의 임도설계 노하우(Know-How)를 배우기 위해 귀찮을 정도로 찾아올 만큼 열정을 보였고, 이를 바탕으로 해당 지역에서 임도설계를 전문적으로 수행한다는 긍정적인 평가를 받고 있다.

「산림자원의 조성 및 관리에 관한 법률 시행규칙」에서는 [산림관리기반시설의 설계 및 시설기준]을 명확히 정하고 있다. 그러나 이 규정을 어기고 임도설계도면을 작성하는 것은 법을 위반하는 행위이며, 이는 곧 범법 행위에 해당한다. 더욱 심각한 문제는 많은 산림기술자들이 이러한 법적 기준과 규정을 제대로 알지 못하고 있다는 사실이다.

다윈의 『종의 기원』에서는 자연계 생물들이 환경에 적응하며 생존과 번식의 기회를 얻는 과정을 설명하고 있다. 그는 시간이 흐름에 따라 시대적 환경에 적응한 개체는 살아남고, 그렇지 못한 개체는 도태된다고 주장했다.

A는 여전히 약식(간이) 측량과 불완전한 임도전용 프로그램을 사용해 임도설계를 하고 있다. 자신의 오류에 대해서는 온갖 변명을 대며 인정하려 하지 않고, 새로운 방법이나 기술을 배우는 데에도 소극적이다. 자신만의 아집으로 과거의 측량 방식만을 고집한다면, 결국 도태될 것이라 믿어 의심치 않는다.

2024년 10월, 대한민국의 작가 한강이 노벨문학상을 수상했다. 같은 시기, (사)한국산림기술사협회에서 발행한 「K-산림기술」 창간호에 「드론 라이다(LiDAR)를 활용한 임도설계」를 기고하였다.

21세기는 세계적으로 K-팝, K-음식, K-드라마, K-문학 등 다양한 한류 문화가 인정받는 시대다. 그렇다면 대한민국 임업 분야를 대표할 만한 "K-산림기술"은 무엇일까?

나는 『길을 열고 숲을 살리다』에서 언급한 임도(林道) 분야가 대한민국을 대표하는 "K-산림기술"의 한 축으로 자리매김하길 소망한다.

김 영 채

[부록]

드론 라이다(LiDAR) 활용한 임도설계

※ 본 글은 (사)한국산림기술사협회에서 발행한
『K-산림기술』 창간호(2024년 10월), 「New 산림기술」란
(pp.122-136)에 수록된 기고문을 바탕으로
일부 내용을 보완해 재수록합니다.

드론 라이다(LiDAR) 활용한 임도설계

진솔산림기술사사무소 **김영체**

Ⅰ.
들어서며

    1995년 산림조합중앙회(경북지회)에 입사하였다. 대학에서 토목공학을 전공하고 토목기사 자격증 보유한 관계로 임도설계업무를 담당하고자 특채로 입사하게 된 것이다. 처음 임도설계업무는 접하면서 다소 실망하였다. 임도측량을 간이측량도구인 클리노미터와 콤파스를 사용하여 현장조사(측량)을 하였기 때문이다. 간이측량도구로 취득한 데이터는 오차발생이 있기 마련이다. 간이측량도구로 취득한 데이터를 기초로 작성한 도면은 당연히 오차가 발생한다. 그럼 오차를 없앨 수는 없을까? 아니 최소화 할 수 없을까? 하는 고민을 하였다.

[그림 1] 클리노미터(clinometer) 및 콤파스(compass)

나무가 꽉 차 있는 산지비탈면에서 정밀측량도구(광파기)를 사용할 경우 측량소요시간이 많이 걸린다. 정밀한 측량기구로 데이터를 취득하기 위해서는 임도설계용역비의 대부분을 측량소요비용으로 차지하게 되는 꼴이다. 어쩔 수 없이 산속에서 이루지는 임도측량는 간이측량도구를 사용하여 약식으로 할 수 밖에 없었던 것이다. 오차발생이 크지만 경제적으로 효율성을 높이기 위해서이다.

II.
기존 임도설계의 문제점

임도설계자의 열정과 실력에 따른 설계도면 성과품의 차이가 있을 수 있으나, 기존 간이 측량기구를 사용할 경우 아무리 숲속에서 이루어지는 임도측량에서는 오차를 없앨 수 없다. 다만 신중하게 측량할 경우 최소화 할 수는 있다.

1. 간이측량도구의 오차

임도 노선측량에서 측점간의 거리는 20m이며 줄자를 이용하고 있다. 숲속에서는 나무가 서 있기에 줄자로 직선거리를 측정하기가 쉽지 않다. 또한 측점간의 거리 20m는 사거리가 아니다. 20m 거리 측정에서도 약간의 오차가 발생할 수 있는 여건이다. 측점간의 수평거리 20m에서 오차가 발생한다면 평면도 상 다음 측점의 위치에도 오차가 발생하게 된다. 방위각 측정은 1도 단위로 반올림하여 측정한다. 콤파스는 360도 눈금이 1도 단위로 표기되어 있으며 다시 세분하여 0.5도 단위까지 표기되어 있다. 방위각을 아무리 정확히 측정해도 0.5도 단위 내에서만 가능하다.

종단기울기를 측정하는 클리노미터의 측정단위는 1%이다. 한 측점 간 수평거리 20m의 경사 값이 1%일 경우, 높이차는 0.2m이다. 한 측점 간 높이 값은 0.2m단위로 측정한다고 볼 수 있다.

2. 임도예정노선 선정의 어려움

임도예정노선은 국토정보지리원(국가공간정보포털)에서 제공하는 수치지형도를 기초로 선정한다. 국립정보지리원에서 제공하는 지형도의 축척은 1/1000, 1/5000, 1/25000 등 종류가 있다. 산지에서 제공하는 가장 정밀한 축적은 1/5000 지형도이다.

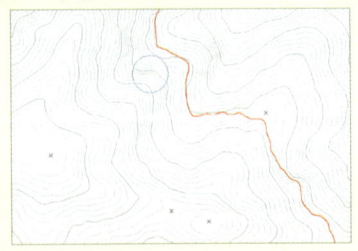
[그림 2] 1/5000 지형도

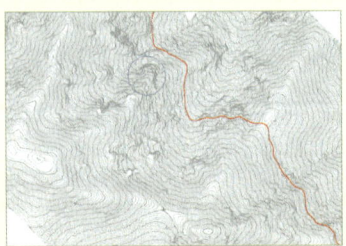
[그림 3] 현실지형도

그림 2는 국토정보지리원에서 제공하는 1/5000 지형도이며 그림 3은 현실지형도이다. 사진촬영으로 추출하는 국립정보지리원의 지형도는 입목이 서 있는 상태에서 찍은 사진이기 때문에 입목으로 인하여 원지반 추출이 정확하지 않다는 것을 확인할 수 있다. 특히, 수

고가 높은 임분에서는 1/5000 지형도와 현실지형의 차이가 많다는 것을 경험했다.

현재 임도설계자는 대부분 1/5000 지형도를 기초로 하여 예정노선을 계획하여 측량을 하고 있다. 아울러 자세한 지형지물을 알 수 없는 상태에서 전진법으로 측량하는 경우에 지형도에 나타나지 않는 암석지 절벽구간 소계곡부와 묘지로 인하여 어려움을 겪는 경우가 종종 있다. 이러한 경우 절벽구간 등에 문제가 발생하면 현장에서 즉석에서 수정해야한다. 평면선형노선을 수정하기 위해서는 종단물매 변화로 일부구간을 재측량하여야 한다. 숲속에서 노선을 수정하는 경우 단거리인 경우는 큰 어려움이 없으나, 장애물이 여러 군데 분포할 경우 많은 시간이 필요하다.

3. 곡선반지름을 선정문제점

(1) 곡선부 중심선 반지름
곡선부의 중심선 반지름은 다음의 규격 이상으로 설치하여야 한다. 다만, 내각이 155° 이상 되는 장소에 대하여는 곡선을 설치하지 아니할 수 있다.

설 계 속 도(km/시간)	최소곡선반지름(미터)	
	일반지형	특수지형
40	60	40
30	30	20
20	15	12

(2) 배향곡선
배향곡선(Hair Pin 곡선)은 중심선 반지름이 10미터 이상이 되도록 설치한다.

[그림 4] 산림관리기반시설의 설계 및 시설기준 Ⅰ.2.다

산림관리기반시설기준에서 정하는 평면곡선의 최소반지름은 12m이며 배향곡선일 경우에는 10m이다. 지금껏 임도설계 시 가장 큰 문제점은 최소곡선반지름 12m가 되지 않도록 측설하고 내업을 실시하는 경우가 있다. 설계 경험이 많은 설계자도 계곡부 및 능선부에서는 최소 곡선반지름 12m를 확보하는 것이 어려울 때가 있다.

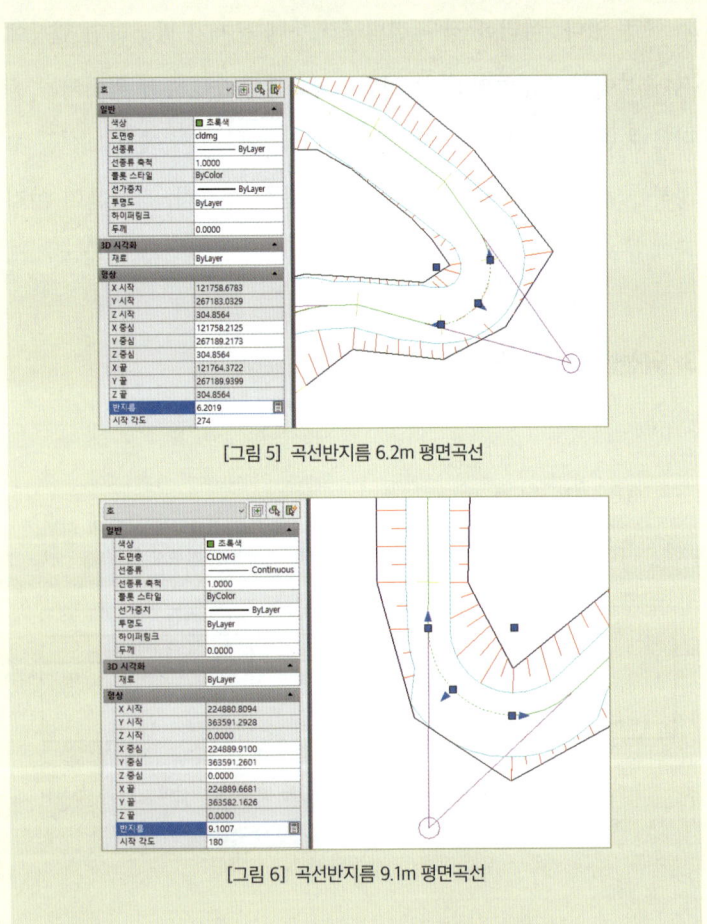

[그림 5] 곡선반지름 6.2m 평면곡선

[그림 6] 곡선반지름 9.1m 평면곡선

그림 5, 그림 6은 임도설계 과정에서 CAD 도면의 곡선반지름을 측정한 것이다. 각각 곡선반지름은 6.2m와 9.1m이다. 이는 현장에서 최소곡선반지름 이상 되도록 측설하지 못하였다고 볼 수 있다. 현장에서 최소곡선반지름을 확보하지 못한 데이터를 가지고 내업에서 곡선설치를 하게 되면 전체 노선거리가 짧아지는 문제점이 발생한다. 이러한 실수를 발견할 경우, 현장조사를 다시 실시하는 번거로움을 겪기도 한다.

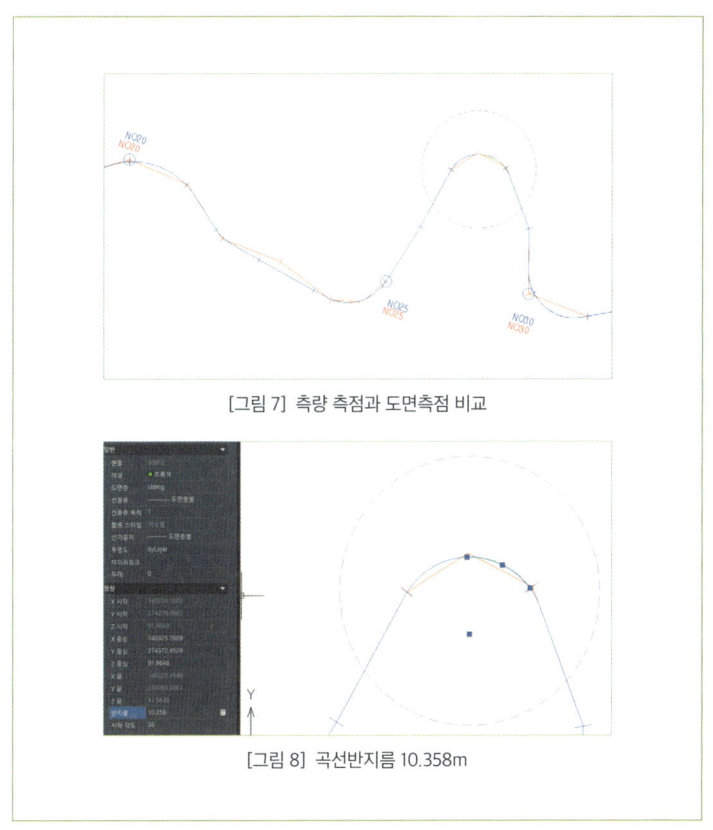

[그림 7] 측량 측점과 도면측점 비교

[그림 8] 곡선반지름 10.358m

그림 7의 빨간선은 현장에서 측량한 노선(측점)이고 파란선은 평면도에서 작도한 중심선(측점)이다. 측점 23번의 경우 현장에서 측설한 측점과 도상의 측점사이에 오차가 발생되었다. 그림 8의 측점 27~28구간 곡선반지름 값을 확인해보면 현장에서 측량(측설)해 온 R=10.358m로 곡선반지름을 작도하였다는 것을 알 수 있다.

[그림 9] 2022년 시공한 산불진화임도

최소곡선반지름이 나오지 않게 설계한 도면은 공사시에도 당연히 최소곡선반지름을 확보할 수 없다. 최소곡선반지름이 확보되지 않은 구간에서는 대형차량이 한 번에 회전할 수 없는 임도가 개설되는 것이다. 그림 9는 최소곡선반지름이 확보되지 않고 시공된 예이다.

III.
드론+라이다(LiDAR)측량

1. 드론라이다 측량의 이해

[그림 10] 라이다 명칭

[그림 11] 라이다 장착한 드론

라이다(LiDAR)는 초당 24만 레이저 빔을 발사하여 물체에 반사되어 되돌아 오는 신호의 시간차를 이용하여 대상물의 위치와 형상을 정확하게 3D으로 재현하는 원리이다.

핸드라이다는 측량대상지에 측정하는 데에 많은 시간이 소요되는 단점이 있으며, 라이다를 드론에 장착 비행하여 촬영(측량)할 경우에는 효율적으로 대면적 촬영이 가능하고 시간을 단축 할 수 있는 장점이 있다.

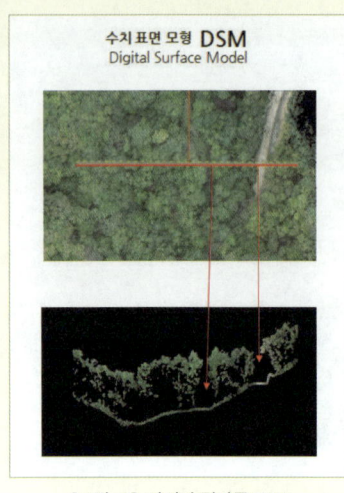

[그림 12] 라이다 결과물 DSM　　　[그림 13] 라이다결과물 DEM

라이다 측량을 통해서 얻을 수 있는 결과물은 수치표면모형(Digital Surface Model)과 수치표고모델(Digital Elevation Model)이 있다. 수치표면모형(DSM)은 지표면에서 반사된 레이저 빛을 수집하는 것이므로, 지표면에 존재하는 인공구조물, 수목 등 모든 지형물을 그대로 기록한 것이고 수치표고모형(DEM)은 수치표면모형(DSM)에서 인공구조물 수목을 제외한 지표면을 기록한 것이다.

수치지형모형(DTM : Digital Terrain Model)은 수치표고모형(DEM)과 같은 의미로 사용하기도 한다. DTM은 DEM을 3차원 좌표 형태인 등고선으로 표현하는 것을 말한다.

수치표고모델(Digital Elevation Model)은 오차를 최소화하는 현실지형도를 생성할 수 있다. 라이다 촬영(측량)으로 얻어진 1차 결과물 수치표면모형(DSM)을 가지고 수치표고모델(DEM)을 생성하여야 한다. 이 과정에서 현실지형도 오차크기가 결정되므로 신중한 후처리작업이 요구된다.

국토정보지리원에서 제공하는 지형도는 입목이 서있는 사진촬영에서 얻어지는 결과물이기에 수고가 높은 산림에서는 오차가 많이 발생하게 된다. 라이다 촬영으로 얻어지는 DEM은 나무사이 공간으로 레이저가 통과하므로 웬만한 산림에서는 현실지형도 추출이 가능하다. 다만 활엽수림대의 경우 여름철 촬영 시에는 다소 현실지형도 추출이 불완전하기도 하다. 라이다 촬영은 10월말부터 다음해 4월 중순까지는 임상에 상관없이 정확한 지형을 얻을 수 있다.

오차가 최소화된 현실지형도가 얻어지면 임도설계 시 매우 유용하게 활용할 수 있다. 절벽구간은 물론 위성지도에서 판단할 수 없는 문묘(봉분이 있는 경우)와 기존 작업로 등의 현황을 알 수 있다. 이 때문에 임도예정노선 전 구간을 답사하지 않아도 임도설치의 장애물이 되는 지형을 회피하여 최적 노선을 선정할 수 있다.

2. 드론 라이다(LiDAR) 활용한 임도설계 프로세스

진솔산림기술사사무소에서는 드론 라이다를 2021년 10월에 처음 구입하였다. 그간 드론 라이다 활용하여 여러번 임도설계용역 수행하면서 가장 효율성이 높은 임도설계 과정을 도출하였다. 지난 4년간 경험을 통하여 다음과 같은 방법으로 라이다를 활용한 설계용역을 수행하고 있다.

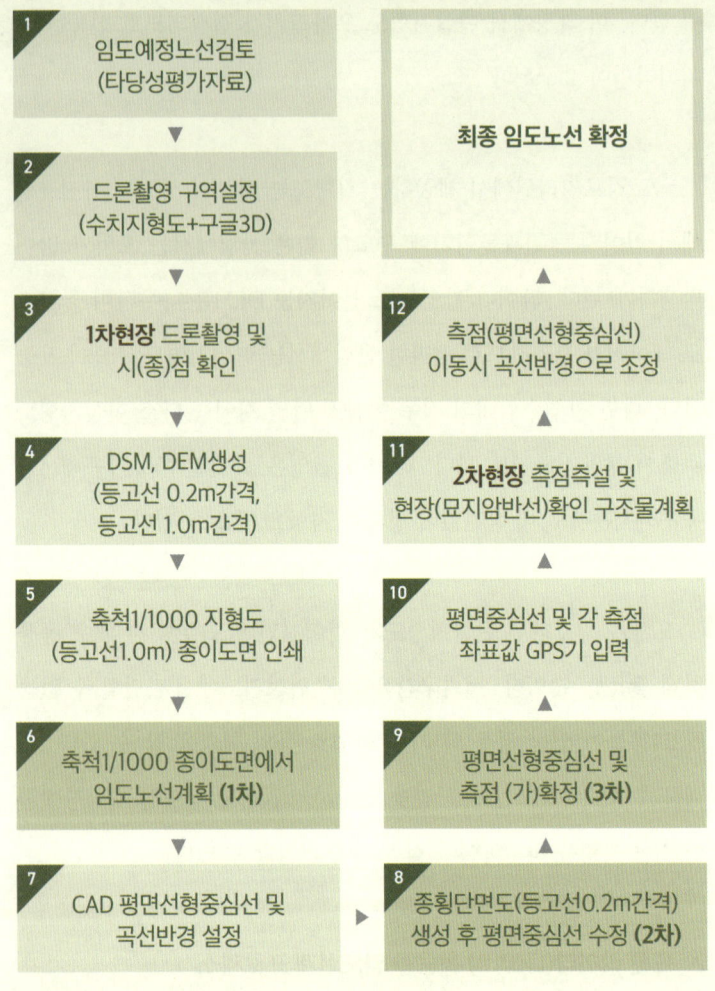

　임도 노선을 분석·검토한 후, 드론 비행(촬영) 구역은 수치지형도와 구글 3D 지도를 활용하여 설정한다. 1회 비행 시간은 배터리 용량상의 제약으로 인해 30분 이내가 안전하며, 보통 25분 내외로 설정할 경우 25~30ha의 촬영 면적을 확보할 수 있다.

드론 촬영은 지상에서 100m 이내의 고도에서 수행해야 DSM (Digital Surface Model) 파일 추출이 가능하다. 기종에 따라 차이가 있으나, 일반적으로 최대 비행 고도는 150m 이내여야 한다. 특히, 드론을 능선 너머로 비행시킬 경우 조종기와의 신호 단절로 인해 드론이 추락할 위험이 있다. 실제로 능선부 너머로 비행하던 드론이 추락하여 회수하지 못한 사례도 있었다.

비행 구역이 확정되면 1차 현장조사를 통해 라이다 촬영을 진행하고, 그 결과로 DEM(Digital Elevation Model) 파일을 생성한다. 이 DEM 기반 현실지형도는 등고선 간격 0.2m로 제작되어 지반고와 횡단 지반선을 정밀하게 추출할 수 있다. 그러나 등고선 간격 0.2m 평면도는 도면이 복잡해 판독이 어렵기 때문에, 일반적인 평면도 작성에는 등고선 간격 1.0m인 지형도를 활용하는 것이 바람직하다.

라이다 촬영 이후의 후처리 과정은 매우 중요하다. 성과물의 정밀도는 DSM 생성 방식에 따라 달라지며, 이에 따라 지반 오차의 정도도 결정된다. 과거 간이 측량 방식은 측점이 이동함에 따라 오차가 누적되는 단점이 있었지만, 라이다 측량에서는 개별 측점에서 오차가 발생하더라도 누적되지 않는다는 장점이 있다. 각 측점의 지반고 및 횡단 지반선에서는 국지적인 오차가 발생할 수 있으나, 전체 노선에는 영향을 미치지 않는다. 특히 절벽 구간이나 급경사지와 같은 지형에서는 평탄지에 비해 오차 발생 가능성이 높지만, 경험상 측점별 오차는 최대 30cm 이내로 확인되었다.

라이다 측량을 통해 작성된 현실지형도는 축척 1/1,000 종이 도면으로 인쇄하여 임도 노선을 계획할 경우, 착오를 줄일 수 있다. CAD 화면상에서 작업할 경우, 화면 비율에 따라 축척이 일정하지 않아 종단 물매나 횡단 기울기를 정확히 파악하기 어렵기 때문이다.

종이 도면에 계획한 평면 선형 중심선을 CAD 상으로 옮겨 중심선을 확정한다. 이때 무엇보다 중요한 점은 능선부와 계곡부에서 곡선 반지름이 최소 12m 이상이 되도록 설계하는 것이다.

중심선이 확정되면 20m 간격으로 측점을 부여하고, 각 측점에 대해 종단 물매 및 횡단 지반선을 추출한 뒤 종단면도와 횡단면도를 작성하여 시공 가능 여부를 판단한다.

만약 종횡단면도상 시공이 불가하거나 절·성토량이 과다한 경우, 평면 중심선을 조정하고 종단 계획 물매를 수정하는 작업을 반복하여 1차적으로 현실지형도상 평면 선형 중심선을 확정하게 된다.

이렇게 확정한 중심선의 각 측점 좌표를 GPS 장비에 입력한 후, 2차 현장 조사를 나가 측점을 실지에 표시(측설)하고, 묘지, 노출 암반 등 장애물 여부를 확인한다. 만약 현실지형도에서 미처 파악하지 못한 장애물이 나타나거나, 현장에서 시공이 불가하다고 판단되면 평면 중심선을 수정해야 한다.

중심선이 소폭 이동할 경우에는 곡선 반경 값을 조정하여 보정할 수 있으며, 전체 노선을 변경하지 않고도 부분적으로 측점을 이동해 수정이 가능하다. 그러나 현장 측설 시 예상보다 임도 노선이 많이 수정될 경우(즉, 중심선 이동이 많은 경우)에는 드론 촬영 구역을 다시 확인하고, 초기부터 재작업을 진행해야 할 수도 있다.

IV.
드론+라이다(LiDAR)활용한
임도설계 사례

1. 울진군 북면 상당리 산불진화임도

임도 실시설계용역에서 최우선 임도노선 대상지 타당성평가자료를 검토 분석하여야 한다. 타당성평가자료에서 제시한 예정노선이 최적의 노선이라고 단정하지 말아야 할 것이다. 임도는 공사비 경제성, 임도배치 적정성, 효율성, 시공가능성, 재해안전성 등 여러 가지 요소를 종합적으로 검토가 요구된다.

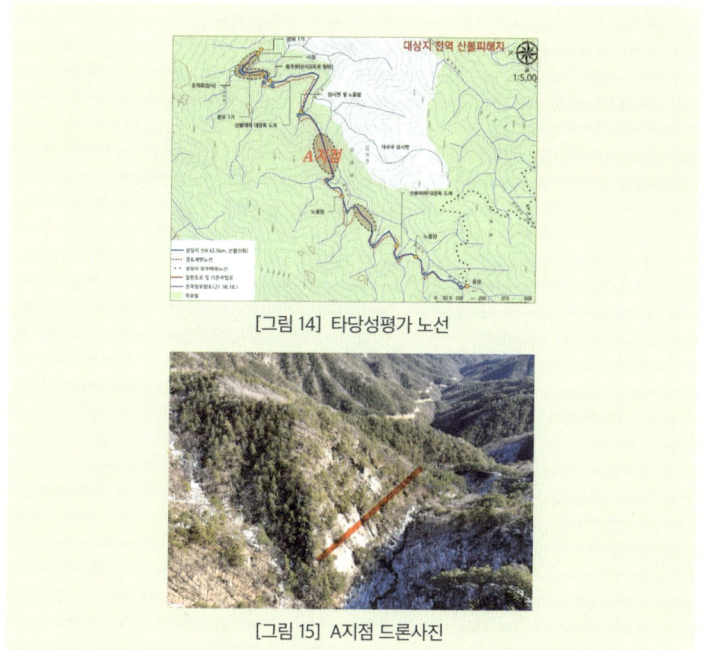

[그림 14] 타당성평가 노선

[그림 15] A지점 드론사진

그림 14는 ㅇㅇ협회에서 수행한 울진군 북면 상당리 산불진화임도 타당성평가 노선이다. A지점은 1/5000 지형도에서 산지경사가 급하다는 것을 확인하였다. 드론 사진(그림 15)과 라이다로 생성한 현실지형도(그림 16)를 분석한 결과 임도시공이 불가한 지역으로 판단하였다. 암반으로 형성된 급경사지 300m 구간에는 많은 공사비가 투입되어야 한다. 또한 계곡부와 연접되어 환경적인 측면에서도 불리하다.

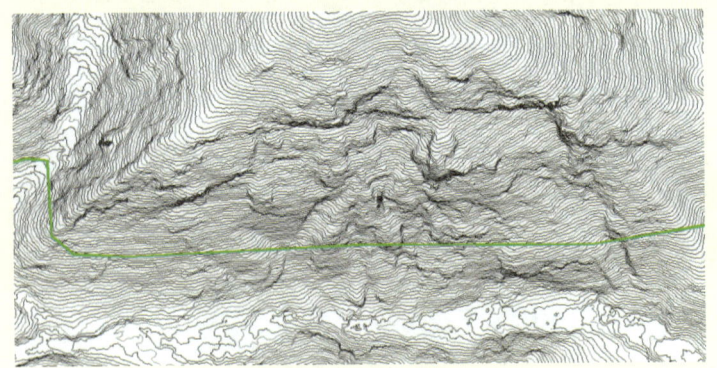

[그림 16] A지점 현실지형도

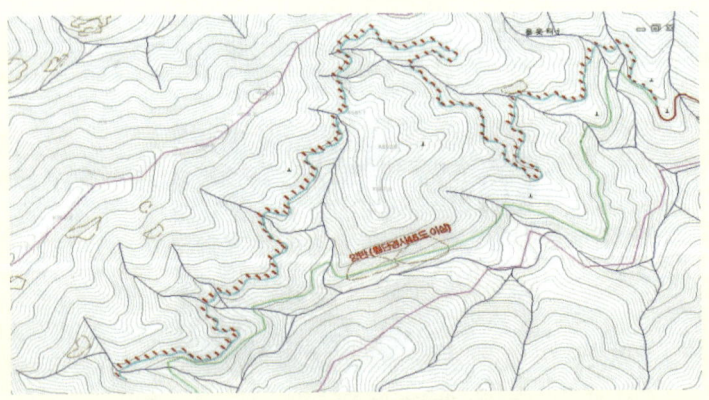

[그림 17] A지점 우회 임도노선

그림 17은 A지점을 회피하여 임도시공이 가능한 지역으로 노선 계획하여 최종설계한 노선이다.

2. 영천 화남 죽곡 작업임도

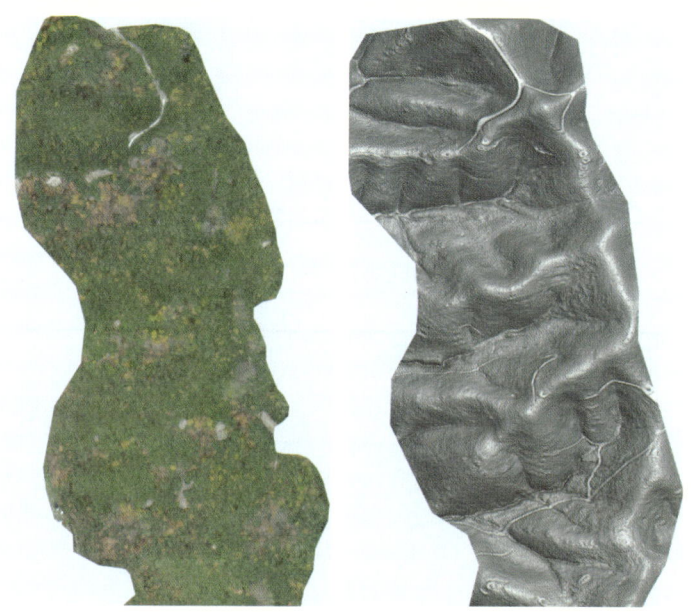

[그림 18] 영천 화남 죽곡 임도 DSM   [그림 19] 영천 화남 죽곡 임도 DEM

영천시 화남면 죽곡리 작업임도 대상지는 사유림으로 대체로 묘지가 많이 분포된 지역이다. 그림 19에서 묘지와 작업로(운반로)의 분포를 쉽게 파악할 수 있다.

기존 작업로의 종단물매가 산림관리기반시설기준에 적합한지 여부는, 임도노선 계획 시 판단할 수 있으므로 해당 작업로의 임도

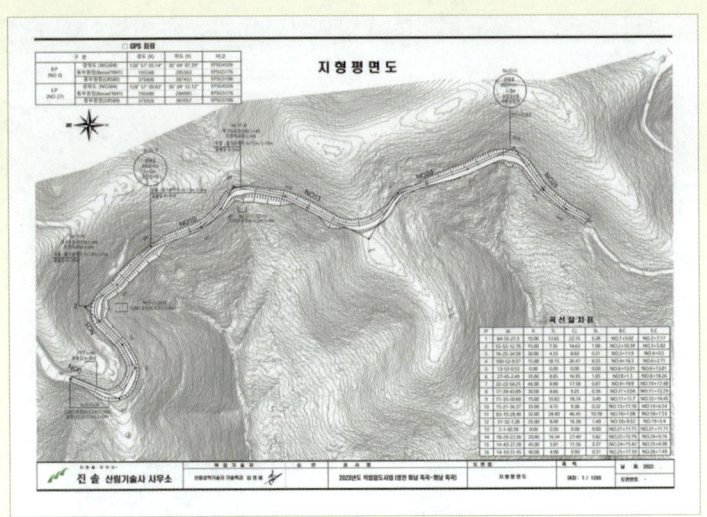

[그림 20] 영천 화남 죽곡 임도 평면도

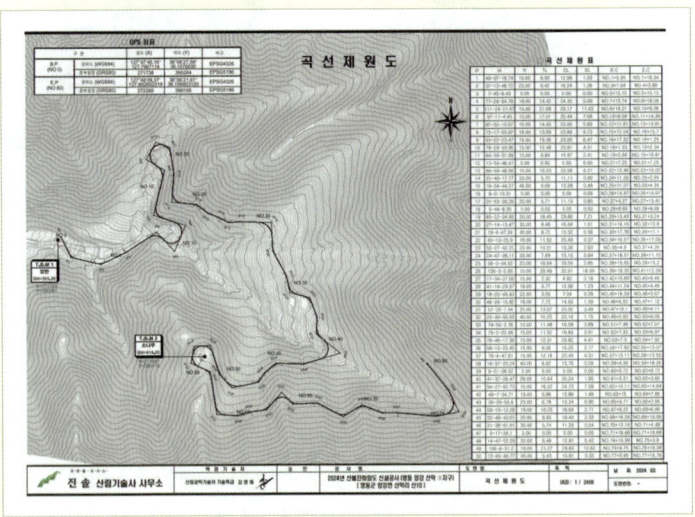

[그림 21] 영동 양강 산막 임도 평면도

편입 가능 여부도 사전에 검토할 수 있다. 또한 위성사진 상에서 판독할 수 없는 묘지를 우회하여 임도노선계획도 가능하다.

3. 영동 양강 산막 산불진화임도

영동 양강 산막 산불진화임도의 경우 임도시점부터 종단물매를 급하게 계획하여야 했다. 목적지까지 연결하기 위해서 배향(헤어핀)곡선을 3개소 설치해야 했다. 이러한 배향 곡선은 산지 횡단 경사가 50% 이하이거나 소규모 봉우리를 활용하는 구간에 설치할 수 있었다.

그림 21에서 배향곡선이 설치된 측점10과 18 지점에서는 계곡부를 활용하여 곡선반지름 15m로 평면중심선을 계획하였다. 측점 53 지점에 설치한 배향곡선은 소규모 봉우리를 감아 돌면서 자연스럽게 곡선반지름 15m를 확보할 수 있었다.

4. 봉화 재산 상리 임도구조개량사업

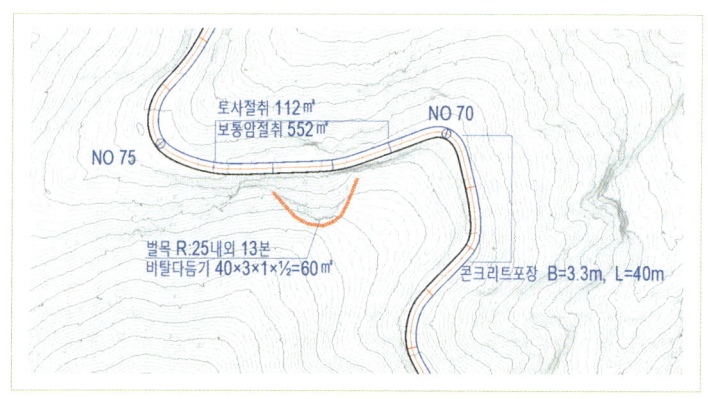

[그림 22] 봉화재산상리 구조개량 평면도

그림 22는 기존임도의 구조개량사업 대상지 평면도이고 그림 23은 측점 72번의 횡단면도이다. 이곳은 추가 절취가 필요한 구간으로,

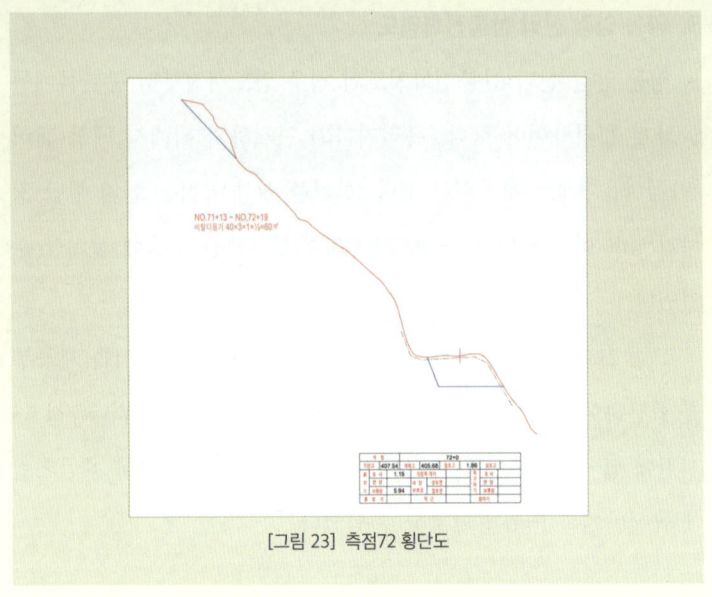

[그림 23] 측점72 횡단도

폴대를 사용한 횡단 측량 시 안전사고의 위험이 매우 높다. 라이다 측량에서 작성한 현실지형도는 비탈사면의 횡단지반선

[그림 24] 측점72 현장사진

추출을 가능하게 하며, 접근 불가능한 지역에서도 쉽게 정밀한 지형측량을 할 수 있다.

V.
글을 마치며

드론 라이다사용은 몇가지 단점에도 불구하고 측량의 정확도 등 다양한 이점를 가지고 있다. 라이다 측량에 따른 단점은 첫째, 초기 장비구입비용이 5~6천만 원 소요된다. 둘째, 드론비행에 따른 기술도 요구된다. 평탄지나 구릉지에서는 큰 어려움이 없으나 산악지에서는 능선부 너머까지 비행하는 경우가 있을 수 있다. 만일 능선부 넘어 비행할 경우 조종기와 신호단절로 인하여 드론 추락의 위험이 높다. 셋째, 측량데이터를 DEM파일로 생성하는 작업이 쉽지 않다. DEM파일을 생성하는 과정에 따라 성과물의 오차 정도에도 차이가 발생한다.

다음은 드론 라이다 측량의 장점으로 ① 수목존치 산지에서 지형분석 (급경사지, 문묘 등) 가능 ② 대면적 측량 ③ 소요시간 단축 ④ 지반고, 횡단지반선 추출 (오차범위 최대 30cm 이내) ⑤ 접근 불가능 지역 측량 ⑥ 라이다 측량범위 내에서는 재측량 하지 않고 임도노선 수정가능 ⑦ 성과물 (도면) 품질 향상 등 다양한 장점을 가지고 있다.

산사태 발생지는 나무가 넘어진 상태이므로, 시야 확보가 가능하며 사진 촬영 등을 통해 지형 측량이 가능하다. 사방댐 설치 대상지는 광파기 등 다양한 방법으로 현황 측량이 가능하여 접근성과 정밀성 면에서 실무 적용에 큰 제약이 없다. 반면, 임도 신설 대상지에서는 정밀도를 확보하기 위해 광파기 측량을 활용하고자 할 경우, 숲속 환경에서는 장비 운용에 물리적 한계가 따르며, 측량 소요 시간이 과도하게 길어지는 문제가 발생한다.

이러한 제약을 보완할 수 있는 효과적인 대안이 바로 드론 라이다(LiDAR) 기반 측량 기술이다. 드론 라이다는 임도 설계를 비롯해 사방댐, 계류 보전, 산사태 복구, 등산로(숲길) 조성 등 산림 현장의 다양한 분야에서 현황 측량 수단으로 매우 유용하게 활용될 수 있다. 특히, 임도 신설 대상지에서는 접근이 어려운 지역에서도 안전하고 효율적인 지형 정보 확보가 가능하다는 점에서 그 적용 효과가 가장 두드러진다.

드론 라이다를 활용하면 현 지형과 일치하는 고정밀 현실지형도(DEM)를 작성할 수 있으며, 이를 통해 임도예정노선을 합리적으로 선정하고, 최소곡선반지름 등 설계 기준을 임의로 조정하지 않더라도 시공이 가능한 설계도면 작성이 가능하다. 드론 라이다 측량은 일부 기술적 제약에도 불구하고, 산림공학 분야에서 요구되는 정밀도, 접근성, 시공 가능성을 모두 만족시키는 기술로서 기존 간이측량 방식 대비 확실한 대체 기술로 자리매김하고 있다.

AI 시대에 접어든 지금, 여전히 약식측량기구에 의존한 간이측량 방식으로 임도 설계를 지속한다면, 산림공학의 기술 수준은 타 산업 분야에 비해 뒤처질 가능성이 높다. 따라서 드론 라이다 측량은 산림공학 전반은 물론, 산림 분야 전체에서 필수적으로 적용되어야 할 핵심 기술이며, 향후 산림 기술의 고도화와 현장 설계의 정밀화를 이끄는 표준적 수단으로 자리잡아야 할 것이다.

길을 열고
숲을 살리다

초판 발행 2025년 5월 15일

지은이 김영체
펴낸이 이경선
편 집 한주은 여수민
디자인 디자인숲

발행처 도서출판 클북
등 록 504-2019-0000002호 (2019. 2. 8.)
편집실 인천광역시 연수구 센트럴로 313 C2130
팩 스 054-613-5604
이메일 ask.gracehan@gmail.com

ISBN 979-11-92577-07-4 03530